W0194801

Michaele Scherenberg / Karl-Heinz Stier

Hessen à la carte

Das Buch zur hr-Fernseh-Serie

Eichborn Verlag

Zum Geleit

Das Aufspüren und Ausprobieren neuer Rezepte gehört zu den liebsten Beschäftigungen von Hobbyköchen, Hausfrauen und anderen kochbegeisterten Zeitgenossen. Inzwischen bietet fast jede Illustrierte, Programmzeitschrift oder Zeitung mehr oder weniger kulinarische »Schätze« an. Auch in den elektronischen Massenmedien wird Knuspriges und Pikantes offeriert, meist jedoch Feinschmeckerlokale oder die Genüsse von Meisterköchen.

Die Sendereihe »Hessen 3 unterwegs« ist mit »Hessen à la carte« andere Wege gegangen. Sie stellt regionale Spezialitäten in Hessen vor und verbindet sie mit der jeweiligen Landschaft. Sie beschreibt Land und Leute, beobachtet sie bei ihren Lebensgewohnheiten, läßt sie an der Sendung teilhaben mit ihrem Brauchtum, ihren Eigenheiten, ihren handwerklichen Fähigkeiten.

Was die Sendereihe zeigt, versucht auch dieses Buch zu leisten. Die Geschichte der Region, Histörchen um Personen, bestimmte Lebensarten früher und heute und viele Farbfotos reichern die Rezepte an. Das Buch umfaßt die ersten zehn Ausgaben von »Hessen à la carte« – insgesamt also 100 Rezepte.

Es sind Gerichte dabei, die in Vergessenheit geraten sind oder in Omas Kochbuch schlummern, aber auch Rezepte, die noch heute in dieser Gegend gegessen werden.Die Palette reicht vom Arme-Leute-Essen bis zum anspruchsvollen Gericht im Restaurant. Und fast alles ist leicht nachzukochen.

Eine große Hilfe bei unseren Recherchen und Dreharbeiten waren die vielen Landfrauenverbände, die uns bei der Findung und der Zubereitung der Rezepte mit Rat und Tat unterstützt haben. Ihnen gilt unser besonderer Dank. Ein herzliches Dankeschön geht auch an Herrn Gerd Grein, der uns ein unentbehrlicher Helfer bei der Textgestaltung und bei der thematischen Auswahl und Beratung war.

In einer Zeit , in der das Bewußtsein für heimische Originalitäten wieder wächst, hoffen wir, daß durch dieses Buch dem Leser die Vorzüge und Schönheiten des Hessenlandes über die kulinarischen Spezialitäten nähergebracht wird.

Michaele Scherenberg
Karl-Heinz Stier

7. Auflage März 1992

© Vito von Eichborn GmbH & Co. Verlag KG, Frankfurt am Main, Mai 1990.

Umschlaggestaltung: Uwe Gruhle. Textliche Mitarbeit: Gerd Grein. Gestaltung: Marhold.
Fotos: Petra Kerstan, Gerhard Weitkamp, Rolf Knierriem, Friedrich Kopetzky u. a.
Lithografie: Druckerei Blümlein, Frankfurt a. M.
Druck und Bindung: Fuldaer Verlagsanstalt GmbH, 6400 Fulda.
ISBN 3-8218-1721-6.

Verlagsverzeichnis schickt gern:
Eichborn Verlag, Hanauer Landstraße 175, D-6000 Frankfurt 1

I Schmackhaftes aus Südhessen

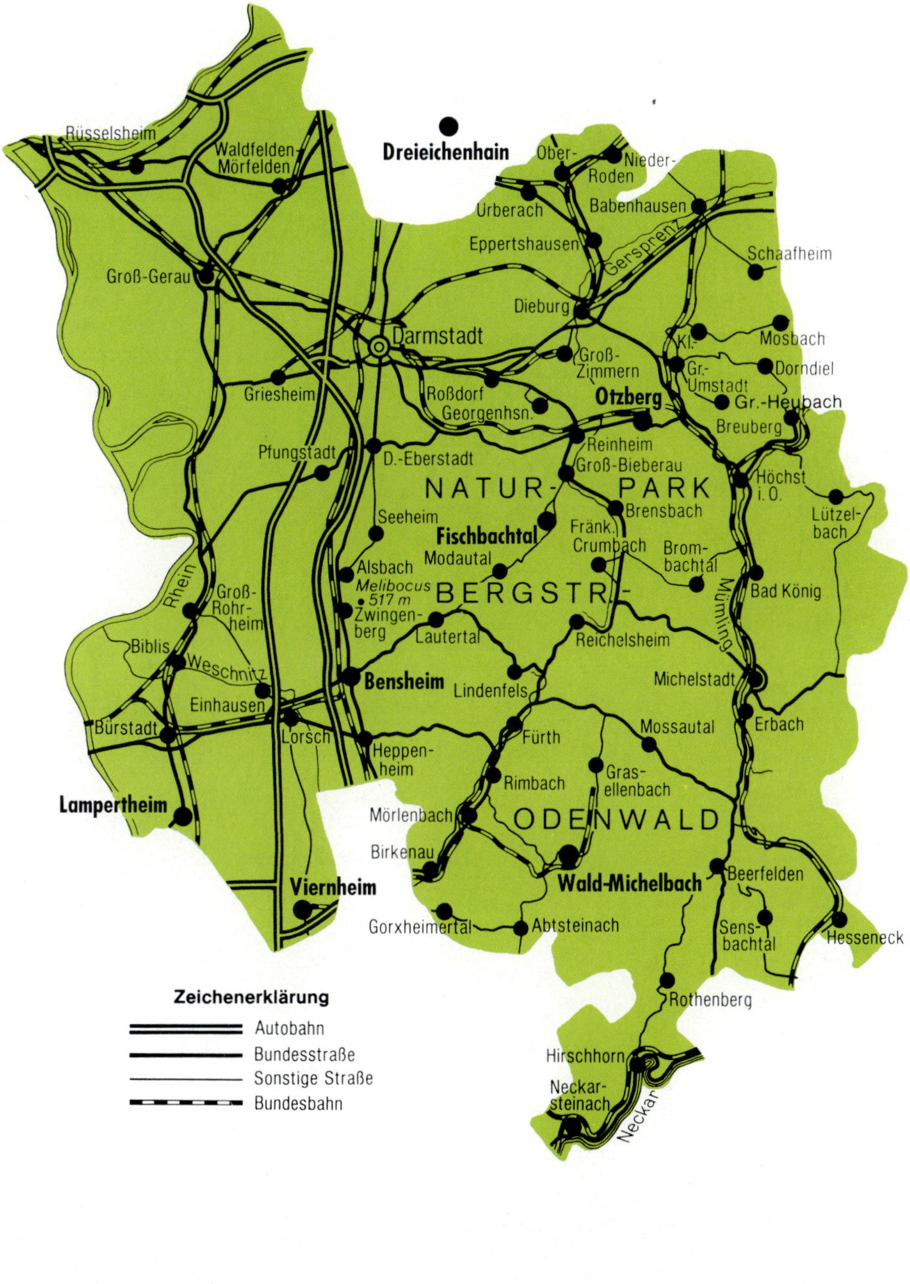

Die südhessische Region

Die südhessische Region umfaßt drei unterschiedliche Landschaften: das reizvolle Mittelgebirge des Odenwaldes, die sonnige Bergstraße und das flache, weitausgedehnte Ried. Die Lage und die Bodenbeschaffenheit der einzelnen Landschaften beeinflussen natürlich die Nahrungsgewohnheiten der Bewohner. Kartoffel- und Getreideanbau, ausgeprägte Milchwirtschaft und Obstkulturen stellen im Odenwald die Grundlage für den landesüblichen Speisezettel. Die Bergstraße liefert den würzigen Wein und das sandige Ried Gemüse – und vor allem den Spargel. Diese Voraussetzungen spiegeln sich in den Rezepten wider, die einen kleinen Einblick in den ortstypischen Küchenzettel bieten.

Die Zusammenstellung zeigt nicht nur die Eßgewohnheiten des kleinen Mannes früherer Epochen, sondern auch die festliche Tafel des Landesfürsten.

Während man über den Küchenzettel der gehobenen Schichten recht genau Bescheid weiß, ist über das einfache Essen des kleinen Mannes in früheren Zeiten wenig bekannt. Vor über hundert Jahren bescheinigt der „großherzogliche Hof- und Cabinets-Bibliothekar" Ludwigs III. den Südhessen Treuherzigkeit und Pfiffigkeit, gesunde Natur, ehrliche Einfalt und Grobheit. Der Mann arbeite schwer und trinke gern Branntwein, auch werde das Bier immer beliebter: „Während der wohlhabende Bauer gut lebt und nahrhafte Kost genießt, namentlich viele Mehlspeisen, viel gesalzenes und gedorrtes Fleisch, müssen sich die Taglöhner mit Kartoffeln ernähren und Brot, halb von Kartoffeln, halb von Getreidemehl essen. Nur bei Hochzeiten, Kindstaufen, Kirchweihen wird Fleisch, Wurst, Braten, Schinken, Kuchen gern und viel gegessen."

Die Kartoffel, die um 1700 erstmals in Südhessen angebaut wurde, erfreute sich sehr schnell der Verbreitung. Der Erbacher Arzt Gottfried Ludwig Klein schreibt 1754: „Die ersten Kartoffeln wurden bei uns vor einem halben Jahrhundert angebaut, und sie waren so selten, daß man dort, wo heute Tausende von Scheffeln geerntet werden, damals nur einen Scheffel bekam."

Von den Bewohnern benachbarter Landstriche, wo man täglich Mehlspeisen aß, wurden die Südhessen bespöttelt:

„Kennst Du das Land, wo die Kartoffeln blühn?
Wo Knechte und Mägde den Pflug selbst müssen zieh'n?
Wo es große Schüsseln gibt und nichts zu essen – das ist das Land der freien Hessen."

Es war gleichermaßen eine Anspielung auf die gesellschaftspolitischen Verhältnisse, als Hessen-Darmstadt 1820 eine Verfassung erhielt, die einfache Bevölkerung aber in den Jahren der Mißernten in der ersten Hälfte des 19. Jahrhunderts argen Hunger litt und viele Bewohner zur Auswanderung nach Amerika gezwungen wurden. Diese Zeiten sind überwunden, und die Südhessen sind gute Esser; sie essen lieber etwas mehr, als etwas zu wenig, denn

„lieber aamol satt, als zwaamol hungrig".

Also:

„gute Appetit, nix verdrebbelt un nix verschitt!"

Schweinepfeffer

„Was ein teutsches Mannsbild bei Kräfften hält"

Die aus einem ottonischen Königshof hervorgegangene Burg Hain in Dreieich-Dreieichenhain lag im Zentrum des ehemaligen königlichen Wildbannforstes Dreieich. Die früheren Burgvögte mußten hier für die Jagden der Kaiser und Könige die Hunde abrichten und bereithalten. Dieser Ort wurde deshalb in scherzhafter Bezeichnung „des heiligen römischen Reiches Hundestall" genannt. Lange Zeit besaßen die Grafen von Isenburg Burg und Forst. Nach Falkenjagd und Sauhatz haben sie ihre Gäste zu festlichen Gelagen bei köstlichen Speisen, Musik und Tanz in die Hainer Burg eingeladen. Die Eßgewohnheiten der hohen Herrschaften sind als Kosten für Speis und Trank in den „Wochenküchenbüchern" festgehalten. Kam die gräfliche Familie aus Büdingen angereist, so brachte sie einen Koch und einen Küchenjungen mit, die die »Hofmeisterin« von Dreieichenhain mit ihren zwei Mägden unterstützten. Der Schweinepfeffer ist ein mittelalterliches Essen, das heute noch ohne Mühe zuzubereiten ist.

Die Zutaten:

Schweinefleisch,
1 Teller kleingeschnittenes Schwarzbrot,
4 EL Roggenmehl,
Zwiebeln,
Lorbeerblatt, Nelken,
3 Wachholderbeeren,
3 Knoblauchzehen,
1 Möhre,
1/2 bis 1 Tasse Schweineblut.

Das Fleisch wird in Wasser mit Zwiebeln, Nelken, Lorbeerblatt und Salz gar gekocht und dann herausgenommen. Die Brühe wird durchgeseiht. In der Brühe weicht man einen Teller kleingeschnittenes Schwarzbrot ein und schlägt das Ganze gut durch. 4–5 Löffel Mehl werden in der Pfanne ohne Fett braun geröstet, nach dem Erkalten mit Wasser angerührt und in die Brotmasse gegeben. Nun wird das Blut, dem etwas Essig beigemengt ist, durch ein Sieb kräftig eingerührt und alles aufgekocht. Zum Schluß schmeckt man mit reichlich Pfeffer und Salz ab.
Je länger Schweinepfeffer gerührt wird, umso zarter wird er.
(Rezept nach Helmut Schnappauf, Dreieich)

Heute ist die Hainer Burg eine vielbesuchte Ruine. Sehenswert ist das Dreieich-Museum mit dem Modell der ehemaligen Burg und einer Zinnfigurenstaffage.
Öffnungszeiten: dienstags bis sonntags von 10 - 12.30 und 14 bis 18 Uhr.

Kräutersuppe

„Mei liebst Gemüs is Worscht un Flaasch"

Die Zutaten:

50g Schinkenwürfel,
2 EL Butter,
1 Handvoll Zwiebelschlotten,
desgl. Sauerampfer,
Zitronenmelisse,
Kerbel,
1 Zweig Zitronenthymian,
3–4 Akeleiblättchen,
3–4 Veilchenblätter,
2 Tassen Vollkornmehl,
2 l heißes Wasser,
Sahne, 1 Tasse Wein,
Salz, etwas Galgant
(oder Ingwer).

Kleingeschnittene Schinkenwürfel, Kräuter und Butter andünsten, das Mehl dazugeben, dünsten lassen (aber nicht anbräunen), mit Wasser ablöschen und mit Sahne verfeinern. Zum Schluß den Wein zugeben und mit den Gewürzen abschmecken.

Die Bewohner der mittelalterlichen Burgen und Klöster versorgten sich selbst. Getreide, Fleisch und Früchte kamen von den zehntabliefernden Bauern, Fische wurden in den herrschaftlichen Fischteichen gezogen, Kapaune wurden gemästet, Wildpret lieferten die beliebten Jagden. Nur Gewürze und gelegentlich besserer Wein wurden auf den Märkten der Großstädte gekauft. Der Gewürzhandel spielte sich vor allem in der freien Reichsstadt Frankfurt am Main ab.

Wichtige Aufgaben erfüllten die mittelalterlichen Kräutergärten, in denen es Kräuter zum Würzen und Heilen gab.

Übrigens wurden jetzt in Südhessen im Bereich mittelalterlicher Bauwerke wieder Kräutergärten angelegt: auf dem Gelände des ehemaligen Klosters Lorsch, in der Burg Dreieichenhain und im Museumsgarten Viernheim, der nach den Anweisungen der heiligen Hildegard von Bingen von Bernhild Roos bepflanzt wurde.

Aus den Aufzeichnungen der heiligen Hildegard stammt auch die Kräutersuppe.

Milchsuppe

„Essen und Trinken hält Leib un Seel zusammen"

Die Milchsuppe war das Alltagsessen des einfachen Odenwälders. Die Bäuerin versuchte mit den spärlichen Mitteln, die ihr zur Verfügung standen, jeden Tag eine reichliche, abwechslungsvolle und wohlschmeckende Speise auf den Tisch zu bringen.
Die ältesten Kulturarten sind Hirse, Gerste und Weizen und dieser in den Sorten Emmer und Einkorn. Später kamen Hafer und Roggen hinzu. Roggen war im Odenwald lange Zeit das Hauptgetreide und wurde schlechthin als Korn bezeichnet. Im Mittelalter lernten die Odenwälder Bauern den Buchweizen kennen. Kartoffeln kamen im 18. Jahrhundert auf und wurden zum Hauptbestandteil der ländlichen Küche.

**„Kartoffeln in der Früh,
des Mittags in der Brüh,
des Abends im ganzen Kleid,
Kartoffeln in alle Ewigkeit."**

So sagt ein alter Spruch, der für Südhessen bezeichnend war. Kartoffeln stehen auch im nachfolgenden Gericht im Mittelpunkt. Eine echte Odenwälder Bauernküche mit allen dazugehörigen Gerätschaften kann man übrigens im Museum Otzberg auf der Veste Otzberg (geöffnet: mittwochs und samstags von 14 bis 17 Uhr, sonntags von 10 bis 12 und 14 bis 17 Uhr) besichtigen.

Die Zutaten:

1l Milch,
4 EL Mehl,
1 Ei,
Prise Salz,
etwas Zucker.

Aus Mehl und etwas Milch werden „Riebel" gemacht. Die übrige Milch wird erhitzt. Dann werden die Mehlriebel zugegeben. Die fertige Suppe wird mit dem Salz abgeschmeckt. Dazu reicht man rohgeröstete Kartoffeln. Als Mahlzeit ohne Zuspeise wird die Suppe verfeinert. Man rührt unter die Riebel das Eigelb und fügt Zucker hinzu. Das Eiweiß wird zu Schnee geschlagen und in Bällchen auf die Suppe gegeben.

Schnitz und Schnitz

„Sauerkraut un Lewwerworscht un gedämpte Ebbel, un e Gläsche fer de Dorscht des schmeckt gottverdebbel!"

Obstanbau gab es im Odenwald zwar seit dem frühen Mittelalter in den Klöstern Steinbach bei Michelstadt, Höchst und Mosbach im Kreis Darmstadt-Dieburg. Seine große wirtschaftliche Bedeutung erhielt er auf dem flachen Lande allerdings erst ab dem 18. Jahrhundert. Obst für den Eigenbedarf war in früheren Jahrhunderten eine der Selbstverständlichkeiten des Odenwaldbauern. Der Baumgarten - odenwälderisch „Bangert" - gehörte zu jedem Bauernhof, zur Hube. So bestanden z. B. im Jahre 1071 in Tröſel bei Wald-Michelbach acht Huben mit acht Baumgärten.

Die Erzeugnisse des Obstbaues reicherten die ländliche Küche an. Sie sorgten für die Abwechslung, besonders dann, wenn es kein Fleisch auf dem Teller gab, und das war schließlich fast die Regel.

„Mir esse Beern (Birnen) un trinke Beern, un hawwe Beern fer uffs Brot zu schmeern!"

heißt eine alte Redewendung aus dem Odenwald. Die Birnen wurden nicht nur als Dessert oder Beikost gegessen, man kelterte sie zusammen mit den Äpfeln zu Most. In gekochter und gelierter Form waren sie beliebter Brotaufstrich als Marmelade oder „Saftlatwersch".

Geschälte und entkernte Birnen, die „Schnitz", wurden zu „Hutzeln" getrocknet. In dieser Form waren sie eine schmackhafte Zutat zu einem typischen Gericht aus dem mittleren Odenwald um Wald-Michelbach.

Zutaten:

1 Pfund Hutzeln (Birnenschnitze),
1 l Wasser,
3/4 Pfund Dörrfleisch,
1 Pfund Kartoffeln,
etwas Salz.

Die Hutzeln über Nacht einweichen lassen. Am nächsten Tag zusammen mit dem in Streifen geschnittenen Dörrfleisch im Einweichwasser kalt aufsetzen und etwa 20 Minuten ziehen lassen. Die geschnittenen Kartoffeln zufügen und 30 Minuten garen lassen. Mit etwas Salz abschmecken.

Kirschen-Michel

**„Gestern konnt ich net satt wern
awwer heut schmeckt mers widder"**

Obst spielt auch als Dessert die herausragende Rolle.

Die Obstsorten „nach Saison" finden sich zahlreich und phantasievoll auf dem Kuchenblech der südhessischen Hausfrau. Im Mai und Juni ist es die Erdbeere, die zu Erdbeertorten verarbeitet wird, im Sommer sind es die Kirschen und Heidelbeeren und im Herbst die Zwetschen und Äpfel. Aber auch Rhabarber, Johannisbeeren („G'hannstrauwe") und Stachelbeeren sind beliebte Kuchenbeläge, besonders bei großen Familienfeiern, wo die Kuchenbleche nach Quadratmetern gerechnet werden. Kirschbäume standen früher nicht nur in den Hausgärten, sondern vielmehr als „Schosseebeem" an den Landstraßen. Eine Verordnung der großherzogl. hessischen Regierung aus dem Jahre 1812 besagt: „an den Straßen sind Obstbaumalleen anzulegen". Diese Straßenbäume wurden durch behördliche Obstbaumwärter gepflegt und die Ernte an die Ortsbewohner versteigert.

Der „Kirschenmichel" ist einer der typischen Odenwälder Obstaufläufe, wenngleich es ihn in unterschiedlicher Zubereitung auch in anderen hessischen Landschaften gibt. Seine Beliebtheit hat er nicht nur wegen seiner besonderen Schmackhaftigkeit erhalten, auch seine schnelle Zubereitung erfreute die Hausfrau.

Zutaten:

4 Brötchen,
1 gr. Scheibe Schwarzbrot, geröstet und gerieben.
½ l Milch,
125 g Zucker,
125 g Butter,
4 Eier,
½ abgeriebene Zitrone,
50 g. gehackte Mandeln,
Zimt, 1 kg Kirschen.

Die Brötchen, die einen Tag alt sein sollen, werden in dünne Scheiben geschnitten, in Butter angeröstet, und in Milch eingeweicht. Die restliche Butter mit Zucker und Eigelb schaumig rühren, Zimt und Zitrone zugeben, die eingeweichten Brötchen und geriebenes Schwarzbrot unterrühren. Die entsteinten Kirschen mit dem Eischnee vorsichtig unterheben.

Die Masse wird in eine gut gefettete und mit gehackten Mandeln ausgestreute Form geschüttet und bei 180° ca. 1 Stunde im Backofen gebacken.

(Rezept nach dem Landfrauenverein Überwald)

Petzkuchen

**„Backe mer Kuche
odder fresse mer de Teig so?"**

Der Petzkuchen ist Hauptbestandteil jeder zünftigen Bauernhochzeit oder einer Dorfkirchweih, „Kerwe" genannt. Die Hausfrau wurde daran gemessen, wie tief die „Petze" im Kuchen waren – umso mehr Butterstückchen waren darin niedergelegt! Gastfreundschaft wird seit eh und je im Odenwald groß geschrieben. Zu Dorf- und Familienfesten trafen sich die Verwandten aus nah und fern. Selbst die Leichenschmäuse, „Flannerts" genannt, waren Anlässe zu ausgiebigem Verzehr von Kuchen, wenngleich dieser „trocken" und ohne besonderen Belag sein mußte – „die Freud war herausgebacken" – sagen die alten Leute.

Wurde der Ansturm der Gäste und Verwandten zu groß, konnte es schon einmal passieren, daß die geplagte Hausfrau stöhnte: „Am läibste sein merr die Gäst, die nach em Mittagesse komme un vor em Kaffeedrinke widder geh'n."

Was beim Kaffeetrinken nicht verzehrt wurde, wurde den auswärtigen Gästen eingepackt und mit nach Hause gegeben.

Zutaten:

2 ½ kg Mehl,
1 l Milch,
30 g Salz,
1 ¼ Pfund Butter,
Hefe.

Man setzt einen guten Teig an aus Mehl, lauwarmer Milch und Hefe.
Wenn der Teig in der Wärme gegangen ist, wirkt man ihn. Nun kommen 1 Pfund Butter und das Salz hinein. Alsdann wird der Teig auf einem mit Butter bestrichenen Blech ausgewelgert. Von ¼ Pfund Butter werden Schnittchen gemacht und in einiger Entfernung voneinander rings um den Kuchen gelegt. Nachher wird ein breiter Rand übergeschlagen. Auf der Oberfläche des Kuchens wird der Teig in beliebiger Entfernung „eingepetzt" (mit den Fingerspitzen zusammengedrückt), und in die kleinen Vertiefungen, die entstanden sind, legt man dünne Schnittchen Butter.
Wenn der Kuchen warm aus dem Ofen kommt, bestreut man ihn gleich mit Zucker.

Schaumwein

**„Prost Gurgel
es kimmt en Platschräje!"**

Apfelwein ist der Haustrunk in Südhessen. Daneben gibt es aber auch Obstwein aus anderen Sorten: Erdbeerwein, Johannisbeerwein, Stachelbeerwein, Kirschwein usw. Zu Branntwein verarbeitet werden Kartoffeln, Zwetschen, Äpfel und Kirschen. Und manche ländliche Offizin versteht es darüber hinaus, noch Liköre und Magenbitter herzustellen.

Diese Wein- und Likörsorten sind allerdings erst im 18. Jahrhundert aufgekommen, haben sich aber dann stark ausgebreitet.

In früheren Jahrhunderten stand das Bier als Getränk an erster Stelle, und noch heute gibt es in Südhessen relativ viele Brauereien.

Den Apfelwein trinken die Südhessen gerne in einer kräftigen, herben Form. Dazu werden Speierlingsäpfel beim Keltern beigemischt. Im südlichen Odenwald, nach Baden zu, wird dann mehr der liebliche Apfelwein getrunken. Ihm werden Birnen beigemengt.

Im nachfolgenden Rezept, dem Schaumwein, ist der Apfelwein Hauptbestandteil. Dieses Getränk hat keine lange Tradition, es ist vielmehr eine Kreation unserer Tage.

Zutaten:

1 l Apfelwein,
4 Eier,
200 g Zucker.

Alle Zutaten in einem Topf aufs Feuer stellen und mit einem Schneebesen so lange miteinander verrühren, bis die Flüssigkeit aufkocht. Nicht weiterkochen lassen, sonst gerinnt die Masse!

In gerillte Gläser füllen und je nach Geschmack vielleicht einen Teelöffel Arrak dazugeben.

Der in einem Waldtal nahe bei Bensheim-Auerbach gelegene Staatspark Fürstenlager gehört wie die ehemals hessen-kasselschen Bäder von Nenndorf, Hofgeismar und Wilhelmsbad zu den vielen Bädern im 18. Jahrhundert, die ihre Entstehung und ihre – leider meist kurzlebige Blüte – fürstlicher Gunst verdankten. So dauerte auch die große Zeit des Auerbacher Bades nur ein halbes Jahrhundert, nachdem Landgraf Ludwig VIII. von Hessen-Darmstadt das spätere Fürstenlager für seinen Hof entdeckt, und Großherzog Ludewig I. es zur fürstlichen Sommerresidenz erhoben hatte.

Die große Landgräfin, Caroline, die Schwiegertochter des Landgrafen Ludwig VIII. schreibt an ihre Schwägerin, die Markgräfin von Baden: „Unser teurer Landgraf weilt seit zehn Tagen an den Wassern von Auerbach und trinkt jeden Tag vier bis sechs Gläser und fühlt sich wohl dabei ..."

Sehr privat und familiär ging es unter der Ägide von Großherzog Ludewig I. im Fürstenlager zu, wenn man den Bericht des Hamburger Pädagogen und Jugendschriftstellers J. H. Campe aus dem Jahre 1785 liest: „... ich hatte das Glück, auf erhaltene Einladung zur Tafel diesem gütigen Prinzen und seiner liebenswürdigen Gemahlin (Luise) zu Auerbach aufzuwarten, und ich war gerührt über die einfache, prachtlose und fast bürgerliche Lebensart, die ich hier beide führen sah..."

Im Jahre 1894 besuchte der jungvermählte Erbgroßherzog Ernst Ludwig von Hessen und bei Rhein mit seiner Gattin Viktoria Melitta bei einer Rundreise durch das Großherzogtum auch das Fürstenlager. Es kamen die Honoratioren des Ortes, die Schulkinder standen Spalier, und es gab ein Festessen, das in zierlicher Handschrift mit violetter Tinte auf der Menuekarte niedergeschrieben ist: zunächst eine Julienne Suppe, gefolgt von dem Saumon froid mit Sauce Mayonaise, einem Cuissot de Daim, Enten- und Hühnerbraten und zum Abschluß eine Red Curent Fool.

Lachs aus dem Wurzelsud an Rieslingsabajon

Der Sud

1 l trockener Riesling,
1 l Wasser,
1 Sträußchen Petersilie,
2 Karotten,
2 Zwiebeln,
1 TL Pfefferkörner,
1 Lorbeerblatt,
frischer Thymian,
1 Gewürznelke,
1 Zitrone,
1 Stange Lauch,
1/4 Sellerie.

Lauch, Petersilie, Sellerie und Karotten waschen und mit einem Faden zusammenbinden. Die Zwiebeln und die Zitrone halbieren.
Die Pfefferkörner, das Lorbeerblatt und die Nelke in einem Leinensäckchen einbinden. Den Wein, Wasser und die Gewürze in einem Fischkessel oder Topf erhitzen und ca. eine halbe Stunde kochen lassen.

Der Fisch

1200 g Lachs im Ganzen

Den Fisch waschen und schuppen (vom Schwanz zum Kopf). Wenn der Sud abgekühlt ist, den Fisch einlegen und nur bis unter den Siedepunkt erhitzen und ziehen lassen (nicht kochen). Sobald der Fisch auf Fingerdruck fest erscheint, vom Feuer nehmen.

Die Rieslingsabajon

2 Eigelb,
2 cl Fischsud,
2 cl Riesling,
1 Bund Dill, feingehackt, Salz, Pfeffer.

Während der Fisch im Sud ist, Eigelb, Wein und Sud in einer Schüssel im kochenden Wasserbad schaumig schlagen. Dill dazugeben und mit Pfeffer und Salz abschmecken. Weiterschlagen bis der Schaum stehenbleibt. Nicht zu stark erhitzen.
Wenn der Fisch fertig ist, diesen aus dem Sud nehmen und servieren. Die Haut wird abgezogen und das Fleisch in Portionen geteilt. Dabei sollen die Gräten zurückbleiben.
(Rezept: nachempfunden von Adolf Patzelt)

Panierter Spargel

„En Kranke frägt mer, em Gesunde gibt mer!"

Auf den Sandböden im flachen, weiten hessischen Ried wird viel Gemüse angebaut. Das Köstlichste, was der heimische Boden jedoch zu bieten hat, ist der Spargel.

Die Kulturgeschichte des beliebten Edelgemüses beginnt vor 3000 Jahren bei den Ägyptern, die sich sogar nach dem Tode nicht vom Spargel trennen wollten und ihn sich gleich bündelweise mit ins Grab geben ließen. Vor allem in der römischen Kochbuchsammlung „De re coquinaris" finden sich raffinierte Spargelrezepte. Die Römer brachten auch den kultivierten Spargel nach Gallien und Germanien, wo er allerdings bald wieder in Vergessenheit geriet. Erst im 16. Jahrhundert wurde der Spargel wieder in Mitteleuropa heimisch, zunächst an den Fürstenhöfen Frankreichs.

1568 baute man den Spargel zum ersten Male in Stuttgart an, und Karl Ludwig von der Pfalz (1600–1688) legte den Grundstock für die berühmten Spargelkulturen in und um Schwetzingen. Von da kam er in das hessische Ried. Hessen liegt heute mit einer Anbaufläche von 500 Hektar Spargel an dritter Stelle in der Bundesrepublik.

Die Lampertheimer Spargelbauern rühmen sich, den besten Spargel in Südhessen zu ernten. Das liegt an der Qualität des Bodens, denn Sand ist nicht gleich Sand. Wie beim Wein ist auch beim Spargelanbau die Bodenbeschaffenheit von Bedeutung. Der Lampertheimer Boden bietet all die Voraussetzungen, die für die „Königin des Gemüses" wichtig sind.

Geräte für den Spargelanbau sind in den Museen von Lampertheim und Viernheim zu besichtigen. Über die Bedeutung des Tabakanbaues im Ried ist eine umfangreiche Sammlung im Museum von Lorsch angelegt worden. (Öffnungszeiten sind über die Stadtverwaltungen zu erfragen)

(Rezept nach Frau Helene Medert, Lampertheim)

Zutaten:

1 kg dicken Spargel in Salzwasser kurz garen, Stangen abtropfen lassen, in verquirltes Ei tauchen. Weckmehl mit Pfeffer, Salz und Paprika würzen und panieren. Die Spargelstangen darin wälzen und anschließend in heißer Butter braten.

Dazu reicht man gekochten Schinken.

Essen und Trinken in den mundartlichen Redewendungen in Südhessen

Voll feiner Abstufungen und Prosa sind die mundartlichen Redewendungen, die sich mit Essen und Trinken beschäftigen.

Zunächst das Essen an sich. Da gibt es schon Unterschiede, ob jemand ißt oder frißt, „muffelt", „schnäwwelt", „näschelt", „achelt", „gampft", „schnerkselt" oder „wammscht", was die höchste Steigerung des Einverleibens bedeutet.

Kinder, die gerne essen, „knuschele wie die Wutzjer". Wer kein Kostverächter ist, sich „net lang bitte läßt", der „ißt, was uff de Disch kimmt" oder „er is seum Schnawwel kaa Stiefkind". Wenn er dann innerhalb kürzester Zeit eine große Portion vertilgt hat, dann hat er „gesse, als sollt er gehenkt wern." Er behauptet von sich: „ich hab en Hunger, ich bräucht net mehr uffzuhörn" oder „ich hab Raumleere im Mache". Ganz argen Hunger bedeutet es, wenn er sagt: „ich hab en Raach, ich kennt de Kitt von de Fenster fresse". Ihm sind die großen Portionen am liebsten, z. B. „e Dreckschipp voll Gereeste", „e Kotlett, so groß wie en Aabeedeckel" oder „e Fuhr, daß kaan Bajass driwwer hippe kann". Er hat oft einen Magen wie „e Zuchthaus" oder „en Säumache". Ihn bezeichnet man dann als „Freßsack", der sich einen „Ranzen" (Bauch) anfrißt.

Hat man zuviel gegessen, oder kommt eine bestimmte Speise zu oft auf den Tisch, dann ist man es „iwwer" oder „oreß".

Ganz im Gegenteil vom Vielfraß ist der „Schnerkseler", der im Essen herumstochert, der dann ißt „als deht er uff Dörner (Dornen) kaue" oder auf „Dannäbbel". Er kaut „hochbaanich" (hochbeinig). Er wird dann als „Spinnefresser" bezeichnet und ist meistens so dünn, daß „er em Gaaßbock zwische die Hörner küsse" kann. Ihn tut man meistens zum Essen ermuntern mit „de Abbedit kimmt mit em Esse".

Der „Suppekasper" kann gleichwohl einer sein, der gerne Suppe ißt oder diese verpönt.

Wer gerne trinkt, ist allgemein „en Pischeler" oder „e Saufnas". Eine „Volleul", „Schnapsdrossel", „Schoppebläser", „Saufeul" oder „en Duttemächer" ist allerdings wesentlich schlimmer. Der Letztere macht „e Dutt", d.h. er trinkt bis nichts mehr hinein geht. Er säuft sich dann meist „de Krotze ab".

Von ihm wird dann behauptet: „Do sitzt er un säuft, un dehaam mache die Kinn Klimmzüg am Brotkaste". Hat er kein Geld mehr, dann hat er „seu ganz Gäärschje verreest (Gage verröstet).

Daß der Alkohol die Zunge lockert, ist allgemein bekannt. Der Angetrunkene hat dann meist „Babbelwasser" getrunken. Sein Zustand wird so bezeichnet: er ist „oageraacht", „benäwwelt", „staabisch" (staubig), er hat „sich die Schnut gedunkt", er hat „seu Brie", „en Hormel", „sei Ficht", „en Dampfer". Er hat dann lange „Aachedeckel", er lallt und singt, „dorkelt" oder geht „iwwer Kreuz". Hat er allerdings sehr viel genossen, dann hat er sich „orsch zugericht". Er ist voll „wie hunnertdausend Mann" oder „es geht nix mehr neu". Der Betrunkene, der nichts mehr zu sich nehmen konnte, soll gesagt haben: „schitt's widder mich".

Beim Zuprosten wird gelegentlich gesagt: „Prost Gorjel (Gurgel) es kimmt en Platschrääje (Platzregen)", oder „Prost Gemeinde, de Vorstand säuft". Branntwein wird sinnfällig begrüßt: „Läwwer (Leber) duck dich, es kimmt widder aaner".

Bei allem sollte man aber „bei de Arweit es esse net vergesse", denn „aamol gut gelebt, gedenkt aam ewig" oder „besser aamol satt als zwaamol hungrig, denn dotgefresse is aach rechtschaffe gestorwe".

Gerd Grein

II Kulinarisches aus Frankfurt

Der Frankfurter Römerberg im Jahre 1754. So sieht ihn der Maler Christian Georg Schütz in seiner typischen Form: als Ort des Wochenmarktes. Um Justitias Brunnen haben Händler, Gärtner und Bauern ihre Waren in offenen Holztrögen, Fässern und Bottichen, auf Ständen und in Holzbuden ausgebreitet. Hier fanden die Frankfurter Hausfrauen, aber auch die professionellen Köche ihre Gewürze, Ingredenzien und anderes Eßbares für die Zubereitung ihrer kulinarischen Köstlichkeiten.

Die Frankfurter Küche

„Wen Gott lieb hat, dem gibt er Wohnung und Nahrung in Frankfurt"

Als dies J. H. Diehlhelm im Jahre 1740 ausrief, war Frankfurt am Main auf dem Höhepunkt seiner stadtstaatlichen Macht, seiner kulturellen Leistungen — und seiner Kochkunst. Aber auch schon im Mittelalter drehte sich in Frankfurt vieles ums Essen.
So regierte ein Konrad von Rindfleisch als erster Bürgermeister, sein Vertreter hieß Knoblauch. In den Bürgerbüchern finden sich ab 1316 Familiennamen wie Blutwurst Frustuck, Hammelbrue, Smeltzfleisch und Surüssel. Unter den vielen Berufen in Frankfurt wurde bereits zu Anfang des 14. Jahrhunderts der erste Koch erwähnt und der Hohe Rat beschäftigte sogar seinen eigenen Stadtkoch.
Die Bedeutung Frankfurts als „Gaumen der großen Welt" kommt nicht von ungefähr: die wichtigen Transportwege Rhein und Main öffneten die Handelswege für seltene Gewürze und Ingredenzien in den Süden Frankreichs, in die Schweiz und einen Teil Norditaliens sowie Bayerns. „An Frankfurt führt kein Weg vorbei", sagte man damals. Die Kaufleute reisten zu den Messen nach Frankfurt, handelten und logierten hier. Bereits im Mittelalter blühte in Frankfurt der mitteleuropäische Gewürzhandel. Manch alte Frankfurter Familie verdankte ihren Reichtum und ihre Wohlhabenheit den „Pfeffersäcken".

Auch Kaiser und Könige zog es zur Krönung nach Frankfurt. Wen wundert es also, wenn sich an einem solchen Ort, wo sich so viele Menschen trafen, auch eine vielgerühmte Gastronomie entwickelte.
Carl Julius Weber stellte 1827 fest „... Die Frankfurter Küche steht auf der Höhe der Zeit — sie hält die weise Mitte zwischen französischer Überfeinerung und britisch-nordischer Derbheit, eine weise Mitte zwischen den Fleischtöpfen Ägyptens, pikanten Saucen und Ragouts, und schwerfälligen deutschen Mehlspeisen." Und 1835 bemerkt Eduard Beurmann in seinen Frankfurter Bildern: „Gegessen wird hier comme il faut!... die Köche werden hier besser honoriert als die Schriftsteller."
Neben den großen Gasthöfen hat auch die Frankfurter Hausfrau den Ruhm der „Vadderstadt" erkocht. „Vor Fürsten fürcht' ich mich nicht — ich kann kochen", soll Frau Rath Goethe gesagt haben, als der Herzog von Weimar seinen Besuch ankündigte. Die wohl prominenteste Frankfurter Hausfrau, liebevoll Frau Aja genannt, hat sehr gut gewußt, daß Liebe und Zuneigung durch den Magen gehen. Selbst das einfachste bürgerliche Gericht verstanden diese Hausfrauen so anzureichern, daß es — wie die Frankfurter Kartoffelsuppe mit Rebhuhn — zum Festessen geriet.
Viel erprobten und kreierten die Frankfurter Herrschaftsköche. Sie arrangierten vor allem Festessen in den Häusern der Bethmanns, Gontards, Metzlers und Leonhardis. Madame de Stael, die verwöhnte Französin, die dort die Runde machte, schreibt: „On y dine parfaitement bien."
Das erste Frankfurter Kochbuch wurde im Jahre 1531 geschrieben und von Christian Egenolff verlegt. Die erste Kochkunstausstellung gab es 1878 in Frankfurt. Das erste und einzige Kochkunstmuseum der Welt eröffnete im Jahre 1900. Im Zweiten Weltkrieg wurde es allerdings zerstört.
In Frankfurt regiert also nicht nur das Geld, sondern auch die gute Küche, getreu dem Wahlspruch der Frankfurter:

„Wir esse
lieber was Gutes
als was Schlechtes,
un lieber
ab und zu emal
e bissi mehr
als dauernd zuwenig."

Grüne Soße

„Mer is jo seim Maul kaan Stiefvadder"

Die Frankfurter Küchen hatten trotz fehlender Konservierungsmittel in früheren Jahrhunderten genug Gemüse, Kräuter und Obst. Dafür garantierten die Gärtner der Küchendörfer Sachsenhausen, Oberrad, Niederrad und Seckbach. Umschlagplatz für frisches Gemüse, Kräuter und Obst war der Gemüsemarkt in der Frankfurter Altstadt. Hier traf man die Sachsenhäuser „Hockinnen", wie die Marktweiber genannt wurden – redegewandt, voll von Mutterwitz und manchmal auch etwas streitsüchtig. Im Herbst und Winter hatten sie ein Stövchen mit glühender Holzkohle dabei, mit dem sie sich die Füße wärmten. Einmal war eine Sachsenhäuser Hokin auf dem Heimweg und hatte im obersten Korb ihr noch brennendes Stövchen verstaut. Als sie mitten auf der Brücke war, kam ein starker Windzug. Er entfachte das Stövchen und setzte den Korb in Brand. Entsetzt kippte die Sachsenhäuserin den brennenden Korb über das Brückengeländer in den Main. „Feuer, de Maa brennt!!!" riefen die Passanten, die das Schauspiel mit Begeisterung verfolgt hatten.

Ein Gericht, welches ausschließlich von den Kräutern auf dem Gemüsemarkt zubereitet wurde, hat Frankfurt weltweit bekannt gemacht: die „grie Soß". Es scheint so, daß die heute bekannte Grüne Soße über Italien und Frankreich in Frankfurt als „sauce verte" eingebracht wurde. Der Zeitpunkt ist nicht bekannt. Sicher ist aber, daß sie zu Ochsenfleisch, Kartoffeln oder Fisch gereicht wird und mindestens sieben verschiedene Kräuter enthalten muß.

Zutaten:

750 g der sieben Kräuter Boretsch, Kresse, Petersilie, Sauerampfer, Schnittlauch, – etwas weniger von Pimpernelle und Kerbel,
8 gekochte Eier,
2 Eigelb,
1 Zitrone,
Pfeffer, Salz, 1 Löffel saure Sahne

Kräuter waschen und fein hacken, einen ½ gehackten Kopfsalat darunter mischen. Eigelb, Öl und Zitronensaft verrühren, Sahne hinzugeben, mit Salz und Pfeffer abschmecken. Kräuter und 8 gehackte Eier unter die Soße heben.

(Rezept nach Trudchen Jung, Frankfurt-Oberrad)

Überraschungsei

**„Ei, Ei un noch e Ei
gibt en Pannekuche"**

Bei Christian Egenolff erschien 1531 – wie schon erwähnt – in Frankfurt das erste Kochbuch. Daraus ist das nebenstehende „Eierweiblein" mit Original „Eyerspeiß-Rezepten" abgebildet.
Die damaligen Kochbücher waren gleichzeitig Kräuterbücher, enthielten Anweisungen für die Herstellung von Arzneien und gaben Gesundheitsratschläge.
So stehen in dem „New Kochbuch für die Krancken", betreffend „Pflegung und regierung derer, so zu fett und maßt von Leib seindt" die nachstehenden Schlankheitsrezepte (die Schreibart von 1555 ist auf heute umgesetzt):

Jeweils einen Tag in der Woche fasten und nichts essen.
Zu Beginn der Mahlzeit etwas essen, das den Appetit verdirbt, zum Beispiel etwas recht Fettes.
Die Speisen sollen nicht schön zubereitet sein, damit man nicht zum Mehressen gereizt wird.
Darum auch nicht gut würzen.
Gerstenbrot mit Kleie essen.
Mageres Rindfleisch wird empfohlen.

Die Frankfurter hatten auch vor 500 Jahren drei Mahlzeiten – sie hießen alle drei ganz modern „Imbiß". Zum Frühstück gab es Morgensuppe mit anderem. Das Mittagessen bestand aus Supp – Gemüs – Fleisch. Das Abendessen nahm man nicht so wichtig und wenn man einen „After-Unter" genossen, also gevespert hatte, so fiel es ganz aus.

(Rezept nach Willy Berger vom „Dippegucker")

Von Eyerspeiß.
Ein gestrichen gebachens.

Mach ein teig võ eitel Eyer vnd Schön Mehl/ reibe lebkuchen drunder/ knits mit eim gesotten Honig wein/ zeuch den teig mit einẽ welgholz / schneid es inn schnitlin / bach es also.

Groß Eyer.

Brich eyer hübschlich an spitzlin auff/ thu würtz vnd Salz/ Zimet blü/ Muscat blü / oder Muscat darein / rürs mit einem hölzlin wol vnder einander / mach das löchlin oben zu mit Eyerklar.

Zubereitung:

Rohe Eier an der Spitze vorsichtig mit einem Messer aufklopfen. Aus dem Loch Eiweiß und Eigelb herausschütteln – und mit unterschiedlichen Zutaten vermischen, die dem Ei verschiedene Farben geben:

rötliches Ei:
*etwas Rotwein,
gewürfelter, gekochter Schinken,
Salz, Pfeffer*

grünes Ei:
*gehackte Petersilie,
feingeschnittener Schnittlauch,
etwas Knoblauch durch die Presse*

bräunliches Ei:
*Muskatblüte, Salz,
eine Prise Nelke.*

Diese Masse jeweils vorsichtig zurück in die leeren Eier füllen, und die Eier – mit dem Loch nach oben – in eine feuerfeste Form setzen. Damit sie aufrecht stehen, die Form 2 cm hoch mit Salz füllen. 40 Minuten bei 100 Grad im Ofen backen. Die Eier nach dem alten Rezept von 1531 sehen am schönsten aus, wenn man sie zunächst als „Überraschung" in der Schale serviert.

Matelotte von Fischen

„Was schmeckt mers„heut — ich könnt esse, bis mer die Arm wehduhn"

Wer heute den Main sieht, wird sich schwerlich den Fischreichtum vorstellen, der einst den Speiseplan der Frankfurter Hausfrau abrundete. Wer den Fischfang betreiben wollte, mußte der Fischergilde angehören. Sie hatte ihren Sitz in Sachsenhausen, und über ihre Tätigkeit wachte der Stadtvorstand eifersüchtig. Der Fischmarkt war seit alters her auf dem Römerberg, und selbst die Krönungsfeierlichkeiten konnten den Fischhandel nicht stören! Bei der Krönung Leopolds I im Jahre 1658 war in der Nähe eines Ziehbrunnens eine Bude aufgestellt, in der ein Fisch in der Größe eines erwachsenen Menschen ausgestellt war.
Zum Fischmarkt zog es auch die vielen Kaufleute, die alljährlich zur Messe nach Frankfurt kamen. Sie brachten als traditionelle Geschenke vor allem Gewürze für den Rat der Stadt mit. Was die Alt-Frankfurter Küche aus Fischen zubereiten wußte, verdeutlicht am besten die „Matelotte", ein Rezept aus dem Kochbuch der Frau Rat Schlosser.

Zutaten:

1 Aal (400 g),
1 Karpfen (2 Pfund),
1 Hecht (2 Pfund),
150 g Butter,
10 ganze Nelken,
2 Lorbeerblätter,
Pfeffer gemahlen, Salz, Zucker,
je 100 g Schalotten und
Petersilienwurzel gewürfelt,
1 1/2 l Fleischbrühe,
2 Bund gehackte Petersilie.

Fische ausnehmen und in Stücke schneiden. Butter im Kochtopf verteilen, Fischstücke, Gewürze und Wurzelgemüse zugeben und mit kochender Fleischbrühe übergießen. Bis kurz vor den Siedepunkt bringen und dann — je nach Größe der Fischstücke — 10 – 20 Minuten ziehen lassen. Zur Verfeinerung 50 g Butter und 40 g Mehl zusammen anrösten,) gewürfelte Zwiebel zugeben, glasig werden lassen und diese Einbrenne zur Matelotte rühren. — Kurz vor dem Anrichten: 40 g Butter und 4 Sardellenfilets mit einer Gabel fein miteinander zerdrücken und zusammen mit gehackter Petersilie zugeben. —

Gefüllter Ochsenschwanz

„Was riechts so gut nach Messer un Gawwel"

Die Krönungsfeierlichkeiten im alten Frankfurt brachten Unterhaltung und Belustigung für die ganze Bevölkerung.

Zwei Tage vor der Krönung wurde der Krönungsochse auf seine „geschichtliche Aufgabe" vorbereitet. Mit vergoldeten Hörnern, einer goldenen Decke und Kränzen geschmückt, führten ihn die Metzger durch die Stadt. Eine Kapelle spielte fröhliche Lieder am Schlachtplatz in der Ochsenküche auf dem Römerberg. Ohne Haut, doch mit Kopf und Klauen und einem Füllsel aus Hasen, Spanferkeln und Hühnern drehte er sich am Spieß auf offenem Feuer. Seit dem Mittelalter gehörten auch die berühmten Frankfurter Bratwürste zum Füllsel – weswegen sie auch „Krönungswürste" genannt wurden.

Der Truchsess des Reiches holte auf einer silbernen Schüssel ein Stück für die Tafel des Gekrönten im Kaisersaal. Anschließend wurde der Ochse dem Ansturm der vielen tausend Schaulustigen freigegeben.

Dabei fanden nicht nur das Ochsenfleisch, sondern auch Hafer, Wein und Geldstücke gierige Abnehmer. Die besonders geübten „Fechter" hatten aber auch ihren Stolz. Sie nahmen nur zugeworfene Geschenke von hochgestellten Persönlichkeiten. Gaben, die nur aus Fenstern und Tribünen geworfen wurden, flogen umgehend an den Spender zurück!

(Rezept nach Bernhard Stumpf, Küchenchef im Hotel „Frankfurter Hof")

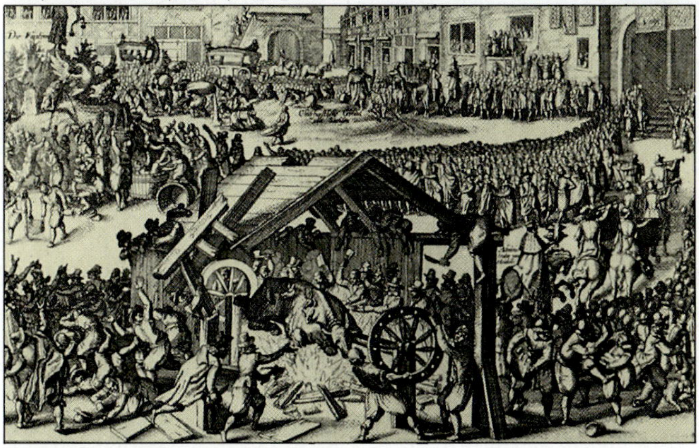

Zutaten:

4 St. Ochsenschwanz (à 200 g),
60 g Möhrchen, 50 g Zwiebeln,
40 g Sellerie,
80 g frische Champignons – jeweils gewürfelt,
30 g Tomatenmark,
40 g Weizenmehl,
Thymianzweig, 5 gestoßene schwarze Pfefferkörner,
1 dl Rotwein,
2) l Brühe,
1/4 Stück Kalbsfuß.
Füllung:
140 g roher Bratwurstbrät, frische Steinpilze, Schnittlauch.

Ochsenschwanzscheiben anbraten und wieder aus dem Topf nehmen. Im selben Topf Gemüsewürfel braun rösten, Tomatenmark hinzugeben, den Bratensatz mit 4 cl Wasser ablöschen und allmählich reduzieren. Mit geröstetem Weizenmehl binden, Thymian und Pfeffer zugeben. Den Saucenansatz mit Rotwein ablöschen und mit der Brühe auffüllen. Kalbsfüße dazugeben und 1 bis 1½ Stunden köcheln lassen. Danach die Ochsenschwanzstücke in der Sauce weichschmoren lassen. Wenn sie gar sind, Knochen auslösen und in das entstandene Loch die Fülle aus Bratwurstbrät, Schnittlauch und angeschwitzten Steinpilzen geben. Sauce durch ein feines Sieb passieren und die gefüllten Ochsenschwänze in dieser Sauce 20 Minuten köcheln lassen bis das Brät ebenfalls gar ist.

Pastetgen

„Was ich net waaß eß ich kalt un haaß"

Einer der beiden Großväter Johann Wolfgang von Goethes war Georg Friedrich Goethe. Er gab seine Schneiderei auf und wurde Gasthalter vom Hotel Weidenhof auf der Zeil. Mit dieser Profession und an diesem Standort brachte er es in Frankfurt zu Wohlstand. Der andere Großvater, Johann Wolfgang Textor, war Stadtschultheiß. Er führte ein Hausbuch, das heute in Weimar im Goethe-Schiller-Archiv aufbewahrt wird und zahlreiche Eintragungen über Einnahmen und Ausgaben und andere wichtige Dinge des häuslichen Bereiches enthält. In dieses Hausbuch schrieb er um das Jahr 1730 das Rezept: „Kleine Franckfurther Pastetgen zu machen."

Dies ist wohl das einzige Frankfurter Rezept, das von den Goethes bekannt ist.

Goethes Vater ließ öfters Krautköpfe einschneiden, meist 100 Kopf, kaufte Martinsgänse, hielt Schlachtfest, kaufte Weihnachtsplätzchen und auch einige Schwartenmagen.

Mutter Goethe war eine exzellente Köchin und eine Liebhaberin der volkstümlichen Musik. „Freut Euch des Lebens" war ihr Lieblingslied. Man machte bei Goethes überhaupt viel Hausmusik.

Zutaten:

Teig:

300 g Mehl,
150 g Butter,
1 Ei,
0,1 l Wasser,
Salz, Zucker,
Ei zum Bestreichen.

Füllung:

400 g Rinderhack,
100 g Rindermark,
2 Brötchen – gewürfelt und in 0,2 l Fleischbrühe eingeweicht,
1 Zitrone (Saft und Schale),
1 EL Weinessig,
1 TL Muskatblüte gemahlen,
Salz, Zucker,
außerdem je 80 g Petersilienwurzel, Schalotten, Karotten.

Mehl mit kalter Butter zerreiben, bis keine Klümpchen mehr vorhanden sind. Ei, Wasser, Salz und Zucker in Schüssel schlagen und unter das Mehl heben.

1/2 Stunde kühl ruhen lassen, dann den Teig ausrollen und ausstechen: Boden, Ränder (3 Ringe übereinander) und Deckel.

Für die Füllung Rindermarkwürfel und gewürfeltes Wurzelgemüse bei kleiner Flamme glasig werden lassen. Die restlichen Zutaten hinzugeben und erhitzen bis das Fleisch weiß ist. Abschmecken und kaltstellen.

Die Füllung in die Pastetgen geben, Rand mit Ei bestreichen, Deckel auflegen und ebenfalls mit Ei bestreichen. Kleine Löcher in den Deckel stechen. Pastetgen eine Stunde kühlstellen und dann 40 Minuten bei 175 Grad ausbacken. Dieses Rezept ist eine Variante der Original-Pastete aus dem Haus Goethe – denn die echte wäre für heutige Mägen unverträglich.

Bethmännchen

„Es gibt nix Besseres als was Gutes"

Im Mittelalter druckten die Lebküchner in der Stadt mit ihren Ton- oder Steinmodeln kunstvolle religiöse, symbolhafte oder scherzhafte Muster auf den runden oder rhombenförmigen Honigkuchen.
Doch bald genügte diese Süßspeise den verwöhnten Frankfurtern nicht mehr: das Marzipan aus Italien fand Eingang in Deutschland. Dieses „Seltsam herrliche Geschleck" wurde zunächst von den Apothekern hergestellt. Man hatte in Frankfurt auch die italienische Zeremonie übernommen, das Servieren des Desserts mit den sanften Klängen von Flöte, Klarinette und Zither zu begleiten. Erst wenn sich die Gäste ihre Finger in Schalen, gefüllt mit aromatischen Wässern, gereinigt und mit parfümierten Servietten getrocknet hatten, wurde das Konfekt gereicht – niemals von Pagen oder Dienern, sondern von den Patriziersöhnen selbst! Zu Anfang des 16. Jahrhunderts kam dann der Berufsstand der Zuckerbäcker auf, der den Konfektkult hundert Jahre später bei den Kaiserwahlen und Krönungen, auf Reichstagen und Fürstenkongressen ins Unübersteigerliche trieb. Zum begehrten Konfekt damals gehörten auch die Süßspeise der „Frankfurter Brenten" und natürlich „Bethmännchen".
Einige glauben, daß ein Mitglied der Patrizierfamilie Bethmann das Rezept aus Frankreich mitgebracht habe. Andere wiederum meinen, die halbierten Mandeln seien als „betende Hände" zu deuten, und es handele sich demnach um „Bet-Männer". Napoleon, der 1813 im Hause Bethmann weilte,

bekam angeblich eine Süßspeise vorgesetzt, die namentlich nicht bezeichnet wurde. Sie soll ihm, so sagt die Legende, offenbar sehr gut gemundet haben, denn sein Kommentar war: „Geben Sie mir bitte noch von den... wie heißen sie doch... Bethmännchen!"
Seit dieser Zeit fehlen sie auf keinem Altfrankfurter Weihnachtsteller, vereint mit Lebkuchen, Quittenwürstchen, Zimtsternen und Brenten.

(Rezept nach Konditormeister Friedrich Lüders)

Zutaten:

500 g Mandeln,
350 g gestoßener Zucker,
(man nimmt heute Staubzucker)
Rosenwasser,
50 g Mehl.

Mandeln brühen, schälen und in feuchtem Zustand durchreiben. Mit Rosenwasser zu einer breiigen Masse stoßen. Zucker mit Holzspatel darunterrühren und die Masse auf dem Feuer abrösten, bis sie ziemlich trocken ist. Vom Feuer nehmen, mit dem Mehl zu einem Teig verarbeiten und auskühlen lassen. Kleine Kugeln rollen, die mit drei halbierten, angefeuchteten Mandeln beklebt werden. Die „Bethmännchen" eine Nacht abstehen lassen und am nächsten Morgen im Ofen bei 190 Grad mit etwas geöffneter Backofentür backen.
Die Kugeln vor und nach dem Backen mit Eistrich (Eigelb und Milch) bestreichen, damit sie goldgelbe Hütchen bekommen.

Frankfurter Würstchen

„Heut ißt alles Worscht, drum ist alles Worscht"

Das alte Frankfurt war in Bezirke eingeteilt, die man Quartiere nannte. Im Bezirk zwischen Dom und Römerberg waren die Metzger zu Hause.
Ihre Läden waren die Schirnen, „Scherrn" genannt, laubenartige Verkaufsstände. Bis zu ihrer Zerstörung im 2. Weltkrieg hieß deshalb die Metzgerwurst „Scherrnworscht".
Bekannt und begehrt waren die Schwartemagen.

„Was de Keenig gilt unner der Ferschte is de Schwartemage unner de Werschte!"

Selbst die Herzogin von Weimar versuchte über die Frau Rath Goethe das Geheimnis ihrer Herstellung zu erfahren, aber sie vermochte nicht, es den Produzenten zu entlocken. Bekannter als die Schwartemagen sind die Frankfurter Würstchen. Bei der Krönung Maximilians II. 1562 staken sie als

Füllsel im Ochs am Spieß und halfen den Wohlgeschmack noch fördern. Sie hießen schon damals „Krönungswürste". Bis zur Jahrhundertwende nannte sie aber der Volksmund „Bratwerscht" oder „gederrte Bratwerscht", wobei „Brat" eine Bezeichnung für Fleischfüllsel ist und nichts mit dem „Braten" zu tun hat. Der Name „Frankfurter" wurde von ihren Liebhabern draußen in der Welt geprägt. 1749 ging das erste Rezept für die Frankfurter Bratwürste in Druck und 1805 werden sie in Wien kopiert — unter dem Namen „Wiener". 1825 wird berichtet, daß an den table d'hote der ersten internationalen Hotels „Frankfurter" in kleinen Stückchen als Delikatesse zu feinster Tafelmusik gereicht werden. Ein großer Verehrer dieser „Königin der Würste" war Fürst Bismarck, der bekanntlich 1848 in Frankfurt weilte und auf dessem Frühstückstisch immer eine Schüssel Frankfurter Bratwürste stand. 1860 wurde die erste Fabrik für Frankfurter Würste gegründet — in Neu Isenburg. Die älteste Frankfurter Wurstfabrik von Carl Gottlieb Hartmann vertrieb ab 1873 die Frankfurter Würstchen als Ausfuhrware in größeren Mengen. 1929 wurde es amtlich: der 10. Zivilsenat des Kammergerichts in Berlin beschloß, daß die Bezeichnung „Frankfurter Würstchen" eine Herkunftsbezeichnung ist: Demnach haben die im Wirtschaftsbezirk Frankfurt am Main herstellenden Fabrikanten allein das Recht, ihr Erzeugnis Frankfurter Würstchen zu nennen.

Linsensuppe

„Wer trotzt an de Schüssel, der schad' sich am Rüssel"

Zutaten:

(für 6 Personen)
500 g Linsen,
2 l Fleischbrühe,
außerdem 150 g Dörrfleisch,
1 kg Lauch,
200 g Karotten,
1 kl. Sellerie und 80 g Zwiebeln,
jeweils in Würfel schneiden,
2 EL Essig,
Salz, frisch gemahlener
schwarzer Pfeffer.

Linsen waschen, mit Lauch-, Sellerie- und Karottenwürfel in 2 l kochende Brühe geben und aufkochen lassen. Suppe bei kleiner Flamme weiterkochen. Linsen weichkochen – sie sollen aber ihre Form behalten!! Dann gewürfeltes Dörrfleisch und Zwiebeln in Pfanne bräunen und der fertigen Suppe zusetzen. Frankfurter Bratwurst (= Rindswurst) und Solperfleisch auf vorgewärmten Teller geben und mit Linsensuppe bedecken.

Einen typischen Wochenplan in der Speisekarte der Altfrankfurter Familien gab es nicht. Dennoch gab es Regeln, die von fast allen Bürgern, ganz besonders des einfacheren Standes, befolgt wurden. So war es schon was besonderes, wenn montags frisch gekocht wurde. Der Montag war der „Restetag", an dem das Überbleibsel des Sonntagsessens aufgewärmt wurde. Gelegentlich bekam der Vater, der Ernährer der Familie, etwas „Extras".
Da Montag Schlachttag war, wurden dienstags oft Leber oder auch saure Nieren aufgetischt. Der Freitag war auch im protestantisch geprägten Frankfurt meist Fischtag. Samstags gab es jedoch obligatorisch „dick Supp mit Werschtscher". Im Winter bedeutete dies wechselweise „Linsesupp, Bohnesupp un Erbsesupp – im Sommer Kardoffelsupp". „Werschtscher" mußten immer dabei sein, gelegentlich kam aber schon mal Solber, Stich, Leiterchen oder „e Säuschwänzi" in die Linsensuppe. Empfehlenswert als Nachtisch: „Ebbelränzjer", in Pfannkuchenteig gebackene Apfelscheiben.

Frankfurter Kranz

„Lustig is mein Jochen, wenn er weiß ich koch em"

Als Carl Julius Weber 1828 in seinem Buch „Briefe eines in Deutschland reisenden Deutschen" feststellte, daß die Gasthöfe Frankfurts die ersten Deutschlands seien, dann wird er auch in den zahlreichen Konditoreien gewesen sein und den „Frankfurter Kranz" probiert haben, der sich von Frankfurt aus ganz Hessen und die benachbarten Bundesländer erobert hat.
Längst gehört er zur Kaffeetafel bei den Familienfeiern der Frankfurter und der Bürger des Umlandes. Daß er etwas fett sei und nicht in das Kalorienbewußtsein unserer Tage passe, mag den Genuß nicht schmälern, denn alles was schön ist, soll ja bekanntlich unmoralisch oder dick machen.

Zutaten:

Biskuit:

3 Eier,
75 g Zucker,
45 g Mehl,
45 g Mondamin,
Schale einer halben Zitrone.

Vanilleparfait:

5 Eigelb,
325 g Zucker,
625 g geschlagene Sahne,
Vanillemark einer Vanillestange.

Krokant:

200 g Zucker,
100 g gehobelte Mandeln.

Eigelb und Zucker schaumig rühren. Mit steifer Sahne und Vanillemark mischen. In die mit dem gebackenen Biskuit ausgelegte Form geben und über Nacht gefrieren lassen. Vor dem Anrichten die Form stürzen und auf eine eiskalte Platte geben. Den Frankfurter Kranz dünn mit Schlagsahne bestreichen und mit Krokant bestreuen.

Dazu Aprikosensauce:
1 Dose Aprikosen mit Saft pürieren und mit Kirschwasser abschmecken.

(Rezept nach Chef-Patissier August Klein vom Hotel „Frankfurter Hof")

Festtags-Gans

„Geht die Sposau kimmt die Gans mit de Käste unnerm Schwanz"

Friedrich Stoltzes Zeilen über die Sponsau deuten an, wie eine saisonale Köstlichkeit die andere ablöst. Dem alten Frankfurter geht „nix iwwer sei Gänsi", wenn es schön geraten, nicht zu mager und nicht zu fett war. Am 11. November wurde in fast jedem Haushalt die Martinsgans zubereitet und verzehrt. Also nach dem Spanferkel nun die Gans. Schon 1552 gab Christian Egenolff in Frankfurt seine „Sprich-Wörter" heraus, bei denen es auch heißt: „St. Martin vielleicht, da brat man feyste Gäns". Von Bedeutung ist nicht nur die Beschaffenheit der Gans, sondern auch das „Gänsefüllsel", von dem die „Käste" (Kastanien) nur ein Teil, wenn auch der wichtigste sind.

Frau Rat Goethe schickte zu diesem Behufe ihrem Sohn „Kronberger Castanien" nach Weimar.

Während die Gans nach wie vor im oberen Rang der Frankfurter Köstlichkeiten rangiert, ist die „Sposau", das Spanferkel, fast in Vergessenheit geraten. Die Frankfurter Spanferkelzeit begann früher mit dem 15. Oktober, dem Tag an dem auch die Öfen erstmals geheizt wurden. Bis zum Monatsende war „Sposauzeit". Regelrechte Sposaugesellschaften trafen sich zum gemeinsamen Essen.

(Rezept nach Willy Berger vom „Dippegucker")

Zutaten:

1 Gans (4 – 5 kg),
4 Äpfel, 2 Zwiebeln
grob gewürfelt, Majoran
oder Beifuß.

Gans waschen, trockenreiben und mit Salz, Pfeffer sowie Beifuß oder Majoran von innen kräftig würzen. Mit den Apfel- und Zwiebelwürfelchen füllen. Gänsebräter mit ca. 2 cm heißem Wasser füllen, die Gans mit der Brust nach unten hineinlegen und bei 180 Grad 3 Stunden lang im Ofen lassen. Dabei nach 1 Stunde die Gans umdrehen – das Gänsefett abschöpfen, Wasser nachfüllen und mit dem Fett die Gans alle 15 Minuten begießen.

Füllung:

½ Pfund Eßkastanien,
¼ Pfund Butter,
150 g Zwiebeln,
Fleischbrühe,
Gänseleber gewürfelt,
2 Brötchen gewürfelt,
Salz, Pfeffer, Prise Zucker,
Majoran oder Beifuß,
2 Eier.

Butter erhitzen, geschälte Kastanien zugeben und mit Fleischbrühe und Zucker weichkochen. Zwiebeln, Leber und Brötchen zugeben und die Fleischbrühe verdampfen lassen. Masse in einer gebutterten, feuerfesten Form im Ofen – mit der Gans – 40 Minuten mitbraten lassen.

Sprüch aus der Frankfurter Küch'

Ja, „alles zu seiner Zeit", das ist so ein Wahlspruch der Frankfurter, „So lang noch ebbes uff em Disch liegt, werd net uffgestanne." Man soll aber auch nicht mehr essen, als mit aller Gewalt hineingeht!

Die sparsame Frankfurter Hausfrau fragt ihre Nachbarin: „Ach, könnt ich net mei Krebbel in Ihrm Fett mitbacke, Sie derfe aach emal Ihr Rippche in meim Kraut koche." Diese Köchin darf sich dann nicht wundern, wenn ihr Gatte „vom Flaasch fällt" (abnimmt). Sie hat en „Derrabb", den „mer in Butter backe kann und aus dem nix werd". Ganz anders die „gewichtige" Madam, die „uffgeht wie en Krebbel", und die von sich behauptet: „Ich brauch nur an em Metzjerlade vorbeizugeh, schon habb ich drei Pund zugenomme".

Auch die Gastfreundschaft wird in Frankfurt groß geschrieben. Gäste die sich zieren, werden zum Verweilen aufgefordert: „Gehn se fort, komme se her, bleiwe se da!"

„Wolle se Milch odder Schampanjer — es kost aa Geld", sagt der gastfreie Hausherr, wenn er seine „Spendierhos" anhat. Seine Frau tischt auf „Herz — was begehrste", sie hat „geselzt und geschmelzt". „Zwaa Mäge bräucht mer", hatte der Gast gestöhnt, als er „nix mehr nunner gekriegt hat".

Zu Trinken gibt es den Hohenastheimer, den Apfelwein, der der Legende nach von Karl dem Großen eingeführt wurde. Sein Standbild war lange Jahrhunderte auf der alten Brücke zu sehen. Er hielt den Reichsapfel in der Hand, was die Frankfurter für das Attribut des

Apfelweinheiligen ansahen. Einer anderen Legende nach wurde er im Jahre 1754 von dem Sachsenhäuser Gärtner namens Werner „erfunden", der seine Äpfel vor dem Verderb schützen wollte. Wie auch immer — seit dieser Zeit wird in Frankfurt und drumherum der Äppelwein „gepetzt", „gebaaft" und „geschleucht".

Hat man zuviel davon genossen, dann sagt man dem Gast nach, er habe "Babbelwasser getrunken" und dem „Deiwel es Ohr weggeschwätzt". Er geht dann einem „uff die Gereeste".

„For mei Geld Briehflaasch", ruft der „Großmadschores", ein Großtuer. Er „hat viel Pläsier und wenig bar Geld", dennoch „mecht er große Sprüng". Dem Angeber „sei Worscht hat drei Zibbel". Er hat „e Rippestickelche un kaa Brot dezu", was so viel heißen will: er hat eine Frau, die er nicht ernähren kann.

„Ich hab geschwitzt wie en Brate", hat der Schüler gesagt, nachdem er den Klassenaufsatz schreiben mußte. Und in der U-Bahn kann es passieren, daß „se voll is, wie e Worschthaut". Geht es einem nicht gut, ist er „käsig" im Gesicht, dann hat er „e Farb, wie e umgekehrt Worschthaut".

Wenn man sich fragt, warum sich in Frankfurt so viel um das Essen dreht, so heißt es ganz einfach:

**„Wer trotzt
an de Schissel,
der schadt sich
am Rüssel**

**Wer trotzt
an de Gawwel,
der schadt sich
am Schnawwel"**

III Deftiges aus dem Vogelsberg

Der Vogelsberg, ein hessisches Mittelgebirge, gelegen im Städtedreieck Frankfurt – Gießen – Fulda, ist mit fast 2.500 qkm Flächenausdehnung das größte durchgehende Basaltsteingebiet Europas. Sein fast kreisrunder Umriß weist ihn als einen der größten erloschenen Vulkane der Erde aus. Der Taufstein mit seinen 774 m ist der höchste Berg. Etwa 111.000 Einwohner wohnen im Vogelsbergkreis, dessen Sitz der Luftkurort Lauterbach ist. Fast 25 Prozent der Bevölkerung leben heute noch von der Landwirtschaft.

Die Vogelsberger Küche

Neun Monate Winter und drei Monate kalt – so wurde die Witterung im Vogelsberg bezeichnet. Die Zwetschen würden nur alle zwei Jahre reif, weil sie nach einem Jahr erst »umgehängt« werden müßten, damit die Sonne daran käme.

Bodenbeschaffenheit und ungünstige klimatische Verhältnisse haben sich nachhaltig auf die Lebensgewohnheit und die Lebensverhältnisse der Bevölkerung ausgewirkt. Glaubt man einer Landesbeschreibung aus dem Beginn des vorigen Jahrhunderts, so meint man, die Vogelsberger seien die besten Hessen. Ihre Charaktereigenschaften erscheinen mustergültig: Arbeitssamkeit und Häuslichkeit ohne Habsucht und Geiz; Offenheit ohne Zudringlichkeit; Religiosität ohne Bigotterie und ohne Scheinheiligkeit. Sprichwörtlich ist aber auch die Sparsamkeit der Vogelsberger, die sich in allen Lebenslagen ausdrückte.

All dies hatte auch Auswirkungen auf die landesüblichen Eß- und Trinkgewohnheiten. Nicht das Ausgefallene und Geschmäcklerische fand und findet die Zustimmung des Vogelsbergers, – eher das Ursprüngliche und Deftige. Nicht das Vielschichtige und Teure – sondern das Einfache und Nahrhafte.

Und im Jahre 1854 schreibt ein aufmerksamer Beobachter von Land und Leuten über die Eßgewohnheiten im Vogelsberg: „... selbst der Wohlhabende genießt in den höheren Orten in der Regel kein Rindfleisch. Milch und Eier müssen die Fleischnahrung ersetzen. Der wohlhabende Bauer ist sehr zufrieden, wenn er am Sonntage zu Sauerkraut und Kartoffelbrei, etwa auch zu Sauerkraut allein, ein Stück Speck oder Dörrfleisch genießen kann."

Heute ist von der ursprünglichen Kargheit und Armut des Gebirges wenig zu spüren: die Gegend hat sich zu einem vielbesuchten Urlaubs- und Wanderziel entwickelt. Man findet Ruhe, Erholung – und gutes Essen. Manch einer wird feststellen können:

**„Ech hoo mech ausgaffe,
daß mr's Masser am Bauch gewatz konn"**

**(Ich habe mich sattgegessen,
daß man's Messer am Bauch wetzen kann).**

Kartoffelbloatz

Was wünscht sich der Vogelsberger: „Karduffel, so groß wie hölzern Schog"

Das Nationalgericht der Vogelsberger ist der „Salzekuche", der westlich von Lauterbach, im Schlitzerland und in der angrenzenden Rhön »Platz« oder »Bloatz« genannt wird. Er besteht aus einem dünngewalzten Brotteig, auf dem Kartoffeln, Matte, Zwiebeln, und Speck verteilt werden. Was die Zusammensetzung anbelangt, so gibt es von Ort zu Ort Abwandlungen, und je nach der Menge der einzelnen Zutaten spricht man vom »Zwibbelbloatz« oder »Kardoffelbloatz«.
Unser Rezept stammt von den Landfrauen in Nieder-Stoll im Schlitzerland, die, so wie es sich gehört, den »Bloatz« im Dorfbackhaus backen, denn dort gerät er am schmackhaftesten. Es gibt ihn aber auch in den Städten; Vogelsberger Bäcker haben ihn in ihrem Angebot. Wichtig ist aber in jedem Fall, daß der Bloatz in heißem oder mindestens warmem Zustand verzehrt wird.
Eigenartig ist die Verwendung von Kartoffeln zum Belag des Bloatz, eine Zutat, für die die Vogelsberger eine besondere Vorliebe haben.

Zutaten:

2 Pfund Brotteig,
3 Pfund gekochte Kartoffeln (vom Vortag),
2 Eier,
Milch,
Salz.
Zum Bestreichen:
Öl, Rahm, Kümmel.

Den Teig auf einem Blech ausrollen und gehen lassen. Die geriebenen Kartoffeln mit kochender Milch, Eischnee und Salz nach Geschmack zu einer geschmeidigen Masse vermengen und auf den Teig geben.
Öl, Rahm, Eigelb und Kümmel verrühren und auf den Bloatz streichen. 1 Stunde bei 200° backen.

Gerstenkaffee

„Lieber e Stick Brot in de Kipp,
als en Hut off'm Kopp"

Sprichwörtlich war früher die Armut im Vogelsberg. In Herchenhain, der höchstgelegenen Gemeinde im Vogelsberg, war um 1890 die Not so groß, daß der damalige Bürgermeister und Landtagsabgeordnete Seb. Weidner der hessischen Regierung vorschlug, das Dorf aufzugeben und die Bewohner umzusiedeln. Er hatte den Plan aber ohne die heimatverbundene Bevölkerung gemacht: als er mit seinem Ansinnen vor die Ortsbürger trat, flammte eine derartige Erregung auf, daß dem Bürgermeister Prügel angedroht wurden. Man ging lieber betteln, und in Rebgeshain gingen um die Jahrhundertwende täglich bis zu 50 Frauen, Männer und Kinder in die tiefer gelegenen Dörfer zum »Fechten«. Der Gerstenkaffee ist ein Synonym für die Entbehrung luxuriöser Nahrungs- und Genußmittel.

Zutaten:

Gerste,
Runkelrüben,
kochendes Wasser.

Gerstenkörner auf dem Backblech im Herd ca. 1 Stunde goldgelb rösten. Mit einem Holzlöffel immer wieder wenden. Geschälte und in Stücke geschnittene Runkelrüben ebenfalls ca. 1½ Stunden rösten. Rübenstücke und Körner getrennt mit der Kaffeemühle zu Pulver mahlen und mischen im Verhältnis ⅔ Gerste und ⅓ Runkeln. Mit heißem Wasser überbrühen und ziehen lassen.

Beutelches mit Zwiebelsoße

**„Alle Tag Kartoffelsopp' un de Saundich Kleß
on wenn des das net esse wellst, da kreste e noch Schmeß!"**

Die Vorliebe für Kartoffeln zeigt sich in einem weiteren Nationalgericht: in den Kartoffelklößen, die man Beutelches oder Beulchen nennt. Die Klöße haben ihren Namen von den Leinenbeuteln, in denen sie gekocht werden. Da sie an und für sich schon eine Delikatesse sind, genügt als Beikost Bratensoße oder Sauerkraut, Specksoße, Zwiebelsoße oder Blutwurst.
Das Rezept der »Beutelches mit Zwiebelsoße« stammt von den Frauen aus Angersbach, dem lustigen Dorf bei Lauterbach. Ein recht lebens- und sangesfrohes Völkchen wohnt hier, und das Dorfbild wurden schon im Jahre 1910 wegen seines überreichen Blumenschmucks als das schönste im Vogelsberg gerühmt.
Gesungen wurde nicht nur in der Freizeit und zum Vergnügen, auch zur Feldarbeit und beim Gang über Land kann man die Angersbacher Sänger hören. Zudem haben sie für Hessen eine besondere Beschäftigung entwickelt: sie richteten in ihrer Freizeit Blutfinken (Dompfaffen) ab und brachten ihnen das Singen bei. Von Fulda kamen die Händler, die die Vögel aufkauften und bis nach Amerika vertrieben.
Doch zurück zu den Klößen. Die Vogelsberger essen davon eine ganze Menge, und ihnen ist es am liebsten, wenn sie genügend auf dem Tisch vorfinden: „En Klies em Maul, een o de Gawwel onn een em Aag" (ein Kloß im Mund, einer auf der Gabel und einer im Auge).

Zutaten:

Rohe und gekochte Kartoffeln,
Salz,
Würze,
kleingeschnittenes Dörrfleisch und Solberfleisch,
Lauchstreifen,
Knoblauch.

2/3 rohe Kartoffeln und 1/3 gekochte Kartoffeln schälen und reiben. Die anderen Zutaten nach Geschmack zugeben. Die gut vermengte Masse wird in kleine Stoffbeutelchen gefüllt, die fest zugeschnürt werden. Die „Beutelches" in Salzwasser ca. 1 Stunde kochen und danach in kaltem Wasser abschrecken.
(Rezept nach Frau Schwarz und Frau Lorenz, Angersbach)

Quetschesupp'

**„Beim ersten Mundvoll soll man blasen,
beim zweiten soll man langsam tun,
beim dritten kann man machen wie man will"**

Im rauhen Vogelsberg ist es mit dem Obst schlecht bestellt. Dennoch kommt im Brauchtum und in der Speisenfolge dem Obst eine ganz besondere Bedeutung zu. Dörrobst, Apfel- und Birnenschnitzel sowie getrocknete Zwetschen nennt man »Hutzeln«. Im Vogelsberggebiet mit katholischer Bevölkerung und im angrenzenden fuldischen Raum stehen sie beim »Hutzelfeuer« am »Hutzelsonntag«, dem ersten Sonntag nach Fastnacht im Mittelpunkt. In Herbstein ziehen an diesem Tag die Kinder in Gruppen durch die Straßen der Stadt und bitten die Hausherren mit dem Vers: „Steier, steier dem Hal zu!" um einen Ballen Stroh. Zuerst wird das Stroh auf einen großen Haufen gesammelt und dann zu einer der Anhöhen um Herbstein gefahren, wo es mit dürren Bäumen hoch aufgeschichtet und bei anbrechender Dunkelheit angezündet wird. Die Ortschaften im fuldischen Gebiet wetteifern miteinander, wer das größte Hutzelfeuer entfacht. Zum Brauchtum im Vogelsberg gehört auch das Volkslied. Und wenn man sich zu fröhlicher Runde zum Essen trifft, wird oft auch dabei gesungen.

Zutaten:

½ Tasse Graupen,
1 Pfund gedörrte Zwetschen,
1 l Milch.

Die Graupen mit etwas Salz in Wasser kochen. „Quetsche" in Wasser einweichen und kochen. Beides abkühlen lassen, Milch hinzugeben und mit Zucker und Salz abschmecken. Dazu schmecken sehr gut frische Waffeln!

(Rezept nach Frau Kraft von der Petersmühle)

Kochkäse

„Die konn mer ins Butterfaß setze
onn se wärd doch net fett"

„Milch leugnet nicht", sagt der Vogelsberger Volksmund, „denn durch Milchtrinken wird man schön und sieht aus, wie Milch und Blut. Wer keine Milch trinkt, bekommt eine graue Haut und sieht aus, als habe er sich 14 Tage nicht gewaschen!"
Die meiste Milch wurde in Form der Butter zum größeren Teil nach Frankfurt verkauft. Auf Schubkarren und in hohen Kietzen brachten die Händler die Waren dorthin. Der Altenschlirfer Butterhändler unternahm alle 14 Tage den beschwerlichen Weg und schleppte 1½ Zentner Butter auf den Markt. Dort tauschte er Waren ein, die einst im Vogelsberg rar waren: Kaffee, Gewürze, Tuche usw.
Butter kam im Bauernhaus nur

ausnahmsweise auf den Tisch. Dafür aber mehr »Matte«. So sagte die Bäuerin zu ihrem Knecht: „Eß Matte – Matte kühlt". Er aber entgegnete: „Nein ich eß Butter, un wann ich verbrenn!" Aus Matte wird schließlich der Kochkäse bereitet, der eine besondere Delikatesse darstellt und unter ständigem Rühren auf dem Feuer bereitet wird. Übrigens sollen die bösesten Weiber den besten Kochkäse herstellen – weil sie im Zorn am kräftigsten rühren!

Zutaten:

Frischmilch,
Natron,
Salz, Kümmel, Ei.

Frischmilch direkt vom Hof zwei Tage im warmen Raum stehen lassen. Die entstandene Dickmilch entrahmen und in der Nähe des Herdes warmstellen, bis sie sich in Molke und Matte (Quark) geteilt hat. In einem Stoffbeutel die Molke abtropfen lassen. Die übriggebliebene Matte mit Natron bestreuen und 2 Tage kühl stellen.
Dann im Wasserbad erwärmen, bis sie zu Kochkäse verläuft. Mit Salz, Kümmel und Ei abschmecken.

Holundersaft

„Däi Keann honn de Honger mie in de Aage als im Maage"

Die Arbeit in der Landwirtschaft, im Feld und im Wald, auf der Weide oder in der Handwerkerstube hat den Vogelsberger geprägt. Nicht gut ist er auf die Leute zu sprechen, die ihre Heimat verleugnen, was »Besseres« sein wollen, wie etwa die »vurnehm Lina«. Ihr gefiel es nicht mehr auf dem väterlichen Hof und sie ging in eine städtische Pension, um etwas für ihre Bildung zu tun. Als sie wieder einmal am Sonntagnachmittag zu Hause im Fenster lag, wurde sie von einer Kameradin gefragt, was sie eigentlich in der Stadt lerne. „Ei, Bilding lern ich, Schlappmaul!" und krachend flog das Kammerfenster zu.

Als sie nach einiger Zeit »gebildet« in ihr Dorf zurückkehrte und wieder an die Feldarbeit mußte, die ihr gar nicht schmeckte, tat sie so, als ob sie den Misthaken nicht mehr kenne. „Was ist denn das da für ein Ding?" fragte sie hochnäsig und trat dabei auf die Zinken. Da hob sich der Stiel und schlug ihr auf den Mund, und da wußte sie wieder, was das für ein Ding war.

Für die Feldarbeit gab es im Vogelsberg ein durststillendes Getränk: den Holundersaft. Er wurde in der »Borngölse« befördert, einem kannenartigen Gefäß, vom Küfer oder Böttcher aus Dauben zusammengefügt und mit Henkel und Deckel versehen. Heute gibt es in Frischborn noch den letzten Küfermeister, der in der altüberlieferten Weise diese Borngölse herstellen kann: es ist der »Allewerts Fritz«.

Zutaten:
Holunderblüten,
5 l abgekochtes Wasser,
½ l Obstessig,
2 unbehandelte Zitronen,
1 Pfund Zucker.

Gewaschene Holunderblüten mit Zitronensaft und Zitronenschale ins Wasser geben. 24 Stunden ziehen lassen, dann alles abseien und den Zucker zugeben.

Der Holundersaft hält sich im Kühlschrank 2–3 Tage. Soll er länger aufgehoben werden, rührt man 10 g Weinsteinsäure hinein und füllt den Saft in saubere Flaschen ab.

Blutkuchen

„Wenn die Sau am Haken hängt, wird erst einer eingeschenkt"

Fleisch wurde in der Vogelsberger Küche – wie auch andernorts – früher nur als Quellfleisch beim Schlachten oder als Geräuchertes während des Jahres, wenn es Kartoffelbrei und Sauerkraut gab, gereicht. Deshalb hatte das Schlachtfest eine ganz besondere Bedeutung. Daran beteiligten sich nicht nur die Bauernfamilie, sondern die ganze Verwandtschaft und Bekanntschaft.
Die gut gefüllte Wurstkammer war der Stolz des Vogelsberger Bauern und wenn „Abtrieb in der Wurstkammer" war, dann war dies kein gutes Zeichen.
Wurstspezialitäten gab es seit eh und je in Lauterbach, wo schon im 19. Jahrhundert die dort verfertigte Zervelatwurst zu den Ausfuhrwaren gehörte. Geschätzte Leckerbissen sind auch die Kartoffelwurst und die Krautwurst, mit den Zusätzen von Kartoffeln und Kraut (Weißkraut). Aber auch die »Knobeline« gehört seit einigen Jahrzehnten zu den Spezialitäten des Landes.
Der Blutkuchen ist ein typisches Schlachteessen – denn er wird mit dem frischen Schlachteblut hergestellt. So martialisch seine Bezeichnung ist, desto gaumenfreundlicher ist sein deftiger Geschmack.

Zutaten:
6 Brötchen,
Fleischbrühe,
1 Kilo etwas fettes Wellfleisch,
Zwiebeln,
Salz, Pfeffer,
reichlich Majoran,
½ l Schweineblut.

Brötchen in Fleischbrühe einweichen. Alle anderen Zutaten gut damit vermengen und in einem gefetteten Bratentopf 1¼ Stunde backen.
Zum Blutkuchen ißt man Pellkartoffeln und saure Gurken.

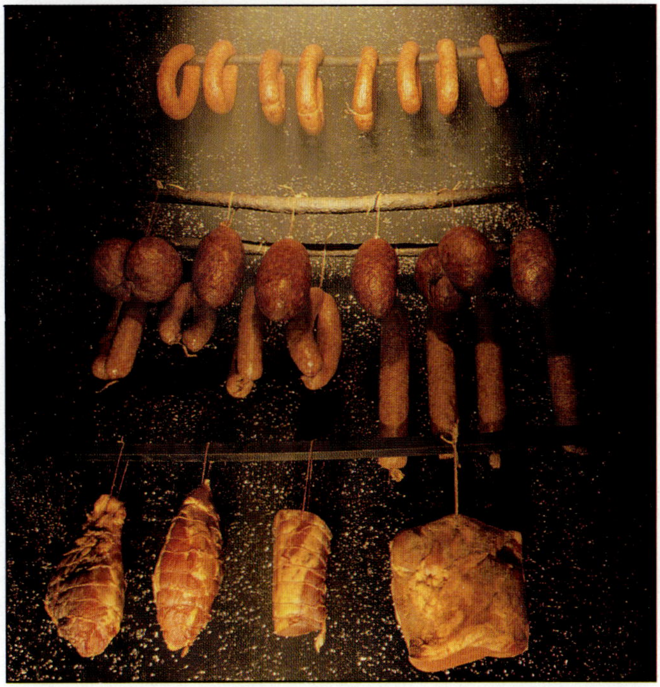

Sommerweich

„Erst frühstücke mer, geschafft honn mer glich"

Viele landesübliche Speisen richten sich nach der bäuerlichen Arbeit im Jahresablauf. Wenn der Schnee geschmolzen war, wurde im »Grund«, dem quellreichen Gebiet zwischen Frischborn und Hopfmannsfeld, die »Bornkersche« (Brunnenkresse) geholt. Sie hat einen leicht bitteren Geschmack, und die alten Vogelsberger schworen auf ihre blutreinigende und entschlackende Wirkung. Am Gründonnerstag aß man mittags grünen Pfannkuchen oder »Matz«.

Erst in der Heuernte, dem ersten großen Gemeinschaftserlebnis im bäuerlichen Arbeitsjahr, wenn die Frauen ihre bessere Werktags- und Arbeitstracht trugen, durfte jener Schinken angeschnitten werden, der extra dafür aufgehoben wurde. Dazu gab es selbstgebackenes Brot. Zum Frühstück aß man in der Heumachzeit auch »Sommerweich«. Diese sättigende und erfrischende Speise war schnell zubereitet und schmeckte in der freien Natur, in der ersten Sommersonne unter blauem Himmel vorzüglich.

Bei den Feldpausen wurden auch stets Geschichten und Anekdoten erzählt, die sich von Generation zu Generation vererbt haben. Legenden von „wilden Jägern", den „weißen Frauen" oder der Teufelsmühle in Ilbeshausen. Dort soll ein ehrgeiziger Zimmermann vor vielen hundert Jahren seine Seele verloren haben, weil er mit dem Teufel in einen Wettstreit trat.

Zutaten:

4 Eier,
Salz nach Geschmack,
150 g saure Sahne.

Alle Zutaten miteinander verrühren. Frisches Bauernbrot in Stücke brechen und mit einer Gabel in die Weich eintunken (weichen).

Tannenspitzenschnaps

**„De hott kej Gall' im Wanst,
de mosse Schnapsbrot ho'"**

Zu Beginn des vorigen Jahrhunderts sah man im Vogelsberg wegen der Lebensverhältnisse nur schlanke, oder besser gesagt, magere Gestalten. Nur in den Landstädten saßen Bürger und Handwerker mit einem besseren Auskommen und fetterer Kost. Ein beleibter Zeitgenosse hatte deswegen „das Lauterbacher Muster" - „Das Ludderbächer Moster kriegt mer net allein vom Esse, da derf mer bis mer zwee Zentner wiegt, das Suffe net vergesse."

Bekannt ist nicht nur der „Schlitzer Korn" geworden. Überall in den Vogelsbergdörfern wurde Schnaps gebrannt, der dann in gemütlicher Runde aus dem »Kännchen« getrunken wurde, einem großen Branntweinglas, aus dem alle tranken, ob hoch oder niedrig. Wer als Letzter das Glas leerte, mußte die nächste Runde bezahlen!

Nicht nur billiges Genußmittel ist der Schnaps. Auch in der Volksmedizin spielt er eine bedeutende Rolle, besonders wenn er aus Kräutern, oder, wie in dem nachfolgenden Beispiel, mit Tannenspitzen angesetzt ist.

Zutaten:

Tannenspitzen
(bis 30. Mai ernten!),
4 El Honig,
3/4 l Korn, 40prozentig.

Eine Literflasche zu 1/3 mit gewaschenen Tannenspitzen füllen. Den Honig dazugeben. Mit Korn auffüllen und 3 Monate ziehen lassen. Der Tannenspitzenschnaps ist sehr gut gegen Heiserkeit und Erkältung.

Rehkeule

„Rotwurst für de Herr – Duckfett fürs Gesing (Gesinde)"

Gut ausgestattet war wohl früher der Tisch der vielen Standesherren im Vogelsberg, deren Einfluß in politischer, wirtschaftlicher und kultureller Hinsicht noch heute nachwirkt.
Die Riedesel, Freiherren zu Eisenbach in Lauterbach, die Grafen von Schlitz, die Fürsten und Grafen von Solms in Hungen, Lich und Laubach und die Fürsten von Stollberg in Gedern und Ortenberg gaben und geben mit ihrem großen Waldbesitz, ihren landwirtschaftlichen Höfen und Gütern, ihren Industriewerken vielen Vogelsbergern Arbeit und Brot. Nach ihrer Mediatisierung im Jahre 1806 gingen ihre Herrschaftsgebiete in das neugeschaffene Großherzogtum Hessen über.
Der russische Zar Nikolaus, der durch seine Gattin mit dem hessischen Fürstenhause verwandtschaftlich verbunden war, weilte 1910 mit seinem und mit dem hessischen Gefolge für einige Zeit im Vogelsberg. Nicht nur der Besuch selbst war eine Sensation für die Bevölkerung, vielmehr war die Art des Reisens bemerkenswert: benutzte doch der Zar für seine Fahrt von Lauterbach anläßlich eines Ausflugs zum Fürsten von Isenburg auf Schloß Birstein das Auto! Viele Vogelsberger haben bei dieser Gelegenheit zum ersten Male das neue Gefährt gesehen. Besonders gern soll der Zar Rehkeule gegessen haben.

Zutaten:

1 Rehkeule,
Salz, Pfeffer, Kümmel,
Muskat, Wacholderbeeren,
3 Lorbeerblätter.
150 g Sellerie,
150 g Karotten,
100 g Zwiebeln,
50 g Lauch,
½ l Rotwein,
100 g Preiselbeeren.

Die Rehkeule abwaschen und trockentupfen. Gut würzen und im gefetteten Bräter auf beiden Seiten gut anbraten und mit etwas Rotwein ablöschen. Dann bei 180° ins Rohr schieben und immer wieder mit Wein begießen. Nach ca. 1 Stunde das kleingeschnittene Wurzelgemüse dazugeben – ebenfalls Lorbeerblätter und Wacholderbeeren. Noch eine Stunde im Ofen lassen und mit Wein begießen. Keule zur Seite stellen. Soße abpassieren, mit Stärkemehl abbinden und mit Sahne und Preiselbeeren verfeinern. Die Soße zur aufgeschnittenen Rehkeule reichen.
(Rezept nach Dieter Schubert, Lauterbach.)

Vogelsberger Anekdoten

E Kännche Schnaps

Eine Frau kam in eine Lauterbacher Wirtschaft und bestellte sich einen Schnaps und einen Weck dabei. Den Weck tauchte sie ein, und der saugte den Schnaps auf. Da sagte die Frau: „Konnst du enner trenke, kann ich aach enner trenke", und bestellte sich noch ein Kännchen.

32 Eier

Die Määrer Fraa bot in einem Lauterbacher Geschäft ihre Eier, mit denen sie handelte, zum Verkauf an. „Wann der roht, beväil Eier ech im Korb hobb, do schenk ech se Euch alle zwäiondrissig." – „Ei", sagte lachend der Kaufmann, „Ihr werdet wohl 32 haben." – „De Däiwel noch emol, Ehr hott's gerote, be seid er äwer so gescheidt!"

Zwei wortkarge Vogelsberger

Zwei Ilbeshäuser Butterhändler fuhren ihre Waren auf Schubkarren nach Frankfurt. Als sie in Hartmannshain den höchsten Punkt ihres Aufstiegs erreicht hatten, das schwerste Stück Arbeit also getan war, sagte der eine: „Wann mr i Vilbel sei, do esse mer e schee Budschniet (Butterschnitte)." Dann blieb's still, bis sie vor Gedern waren; da sagte der Begleiter: „Onn aach Kees druff!"

Dem Säuchen leuchten

Ein Vogelsberger hatte ein Schwein geschlachtet und den ganzen Gemeinderat zum Schlachtfest eingeladen. Der hielt sich bei Schnaps und Bier auch wacker dran, und bald war vom Schwein nicht viel mehr als die Rippen übrig. Um Mitternacht brach man endlich auf, und da es zu der Zeit noch keine Beleuchtung gab, steckte der Gastgeber eine Petroleumlampe an und sagte: „So, un jetzt will ich meim Säuche heimleuchte."

Nahrhafter Kirchgang

Die »Määrer Fraa«, die legendäre Frau aus Maar (bei Lauterbach), ist im Vogelsberg gut für allerlei Spott und Anekdoten.
So ging einmal die Määrer Fraa zum Kirchgang, und als es schon läutete fällt ihr ein, daß sie ja vergessen hatte, den Speck ins Kraut zu tun. Da läuft sie in die Räucherkammer und schneidet schnell ein Stück Speck ab, um es ins Kraut zu stecken. – Als sie in der Kirche sitzt, will sie ihr Gesangbuch aufschlagen. Da merkt sie, daß sie in der Eile das Gesangbuch ins Kraut gesteckt und den Speck mit zur Kirche genommen hat.

Die kostbare Butter

Der Bäuerin am Tisch verkrampft sich das Herz bei dem Anblick, wie dem Hannes die Butter schmeckt. In ihrer Verzweiflung sagt sie: „Hannes, die Botter es roar!" Antwort: „Se eß oawer aach gout!" – Nach einiger Zeit setzt die Frau wieder an: „Hannes, die Botter koast drei Mark des Pond!" Antwort: „Doas eß se oawer aach wert." – Die Bäuerin versucht es noch einmal: „Hannes, do steht doach oach noach Matte." Antwort: „Däi kräije mer aach noach."

IV Köstlichkeiten aus dem Rheingau

Der Rheingau liegt wie ein großer Garten mit seinen rebenbewachsenen Hügeln, seinen ausgedehnten Wäldern und den malerischen Städtchen westlich vor den Toren Wiesbadens am „Rheinknie". Die alten Ansiedlungen Lorch, Rüdesheim, Eltville, Erbach und Aßmannshausen sind die wichtigsten Orte in einer Landschaft, von der 1240 der Franziskanermönch Bartholomäus Angelus schwärmt, daß sie einem Garten unschätzbarer Lust gleiche (Hortus aestimabilis voluptatis). Übrigens bedeutete im Mittelhochdeutschen die Bezeichnung der „Gau" soviel wie die Landschaft am Wasser, und urkundlich wird die Bezeichnung „Rheingau" (Rinechgowe) erstmals im Jahre 772 in Verbindung mit Geisenheim genannt.

Heute leben im Rheingau etwa 60 000 Menschen auf einer Fläche von 271 Quardratkilometern. Eltville ist mit 15 400 die größte der 7 Städte. Der Fremdenverkehr spielt in der Einkommens- und Verdienstmöglichkeit der Rheingauer nicht mehr die große Rolle, die meisten gehen jetzt einer Beschäftigung im produzierenden Gewerbe nach. Dennoch strömen pro Jahr über 4 Millionen Touristen in die Weinregion; allein 3 Millionen bevölkern die Straßen und Gassen in Rüdesheim. Seine Selbständigkeit als eigener Kreis verlor der Rheingau 1977, nunmehr ist er in den Rheingau-Taunus-Kreis integriert.

Der Rheingau „...ist ein feins Ländlein“

Der Name der Landschaft geht wie ein vollmundiger Rheinwein über die Lippen. Rheingau - Weingau; der eine Begriff wäre ohne den anderen nur unvollständig. So steht in einem Bericht über Kulinarisches aus dem Rheingau der Wein natürlich an allererster Stelle.
Die malerische Landschaft am Rhein mit ihrer über tausendjährigen Geschichte besitzt eine reiche Vergangenheit. 983 kam das Gebiet des Rheingaues an das Erzbistum und spätere Kurfürstentum Mainz. Ab dieser Zeit entwickelte sich unter dem Einfluß der Klöster von Eberbach und Johannisberg sowie dem Mainzer Hofadel und dem ortsansässigen Landadel die Gegend zu einem bedeutenden Zentrum kultureller und wirtschaftlicher Macht. Alte Privilegien gaben den Bewohnern das Recht in Freiheit zu leben, und die Befestigungswerke der Kleinstädte gaben ihnen Schutz vor feindlichen Überfällen.
Der im 16. Jahrhundert zeitweise im Kloster Johannisberg lebende Johannes Butzbach bezeichnete deshalb den Rheingau als „das anmutige Land, auf das reichste geschmückt mit Wein, Getreide, Wäldern, Wasser, allerlei Baumgattungen und vielen stadtähnlichen Ortschaften”. Auch nach der Säkularisation, als ein Teil des Herzogtums Nassau, dann ab 1866 unter preußischer Verwaltung und schließlich nach Eingliederung in das Bundesland Hessen, hat der Rheingau seine Eigenschaften weitestgehend bewahrt.
Die Rheingauer Bürger sind nicht nur tüchtige Leute, sondern werden gelegentlich auch als eigensinnig (oder besser selbstbewußt) bezeichnet. Im späten Mittelalter bekam das ihr Landesherr, der Erzbischof von Mainz zu spüren, mit dem sie unzufrieden waren und deshalb kurzerhand evangelisch wurden. Nachdem sie aus Rache in den großen Kellern des Klosters Eberbach ihren nachhaltigen Durst löschten, war es für die Soldaten des Erzbischofs leicht, die schwankenden Winzer festzunehmen und zur Ordnung und „rechten Lehre” zurückzurufen.
Im Rheingau lebt man nicht nur von Wein, hier lebt man für und mit dem Wein. Da ist es natürlich, daß damit auch in der Küche experimentiert wird und das nicht schlecht. Dies, verbunden mit der Rheingauer Gastfreundlichkeit, hat zu allen Zeiten viele Reisende, Ausflügler und Fremde in den Rheingau gebracht, wo die Einheimischen die Gäste zum Essen ermuntern:

„Was uff de Tisch kommt, gewwe mer verlorn!”

Winzersuppe

**Wo guter Wein liegt im Keller
gehört auch was Gutes auf den Teller.**

Nach einer Sage soll Karl der Große die frühe Schneeschmelze auf den Rheingauer Bergen, die er von seiner Pfalz in Ingelheim aus beobachten konnte, zum Anlaß genommen haben, den Weinbau in hiesiger Gegend einzuführen. Der erste Weinberg ist 779 in Walluf bezeugt und eine Urkunde Ludwigs des Frommen im Jahre 817 spricht vom Weinbau in Ingelheim.
1074 wurden durch Waldrodungen die Weinbergslagen um Rüdesheim kultiviert. Die geistlichen Landesherren und ihre Klöster haben einen erheblichen Anteil an dieser Kultivierung. Die Führung übernahm zunächst das Kloster Eberbach, das 1135 durch Bernhard von Clairvaux gegründet wurde. Am Ende der Klosterzeit war Eberbach an der Schöpfung des Begriffes „Cabinet" maßgeblich beteiligt.
Ab dem 18. Jahrhundert hat die ehemalige Benediktinerabtei Johannisberg maßgeblichen Anteil an der Pflege guten Weines. Wirtschaftliche Neuerungen, wie die Flaschenfüllung, die Entdeckung der Spät- und Auslesetechnik und nicht zuletzt die Förderung des Rieslingsanbaues wurden weitestgehend in Johannisberg mitgetragen.
Neben den Klöstern waren die Adelshöfe, von denen es im Rheingau viele gab, an den neuen Erkenntnissen im Weinbau und der Weinzubereitung beteiligt. Und in Geisenheim wurde schließlich 1872 durch die seinerzeit preußische Obrigkeit ein im In- und Ausland bekannte Lehr- und Forschungsanstalt für den Wein-, Obst- und Gartenbau eingerichtet.
Was wäre aber der noch so beste Wein ohne die Winzer und die zahlreichen Helfer, die bei der Weinlese und der Weinbereitung notwendig sind? Sie tragen schließlich Last und Verantwortung für das edle Getränk, welches von uns „Schnutedunker" oftmals allzu leichtfertig konsumiert wird.

Zutaten:

1 Pfund Rindergulasch,
1 Pfund Schweinegulasch, Öl,
2 Pfund Zwiebeln,
2 Pfund grüne Bohnen,
1 Pfund Karotten,
2 Pfund Tomaten,
2 Pfund Kartoffeln,
1 Liter Rotwein, 1 Liter Wasser.

Zubereitung:

Fleisch zerteilen und anbraten. Zwiebeln, Bohnen, Karotten, Tomaten und Kartoffeln in grobe Stücke geschnitten zugeben. Mit 1 Liter Wasser und 1 Liter Wein auffüllen und ca. 2 Stunden köcheln lassen. Vor dem Essen noch einmal einen Schoppen Rotwein zugießen.

Dippehas

**Der kanns Maul net voll genuch krieche,
der frißt, wie wann ersch bezahlt krächt!**

Lange nachdem die Weinlese abgeschlossen ist, die Wingert verwaist daliegen, die ersten Fröste die Berge mit einem leichten Zuckerhauch umhüllen, beginnt die große Zeit der Jagden, die noch heute gerne in großer Form als Treibjagd mit anschließendem „Schüsseltreiben" abgehalten werden.

Ein beliebtes Jagdgebiet, vor allem der hohen Herrschaften, die im Rheingau wohnten oder dort zu Besuch weilten, war der Niederwald bei Rüdesheim, auf dem sich heute das weithin bekannte Nationaldenkmal befindet. „Drei Höhen am Mittelrhein gewähren die ausgedehntesten Fernsichten, der Niederwald, Ehrenbreitstein und Drachenfels", so beginnt Karl Baedeker (1801-1859) das 17. Kapitel seiner berühmt gewordenen „Rheinreise von Basel nach Düsseldorf". Gegen Ende des 18. Jahrhunderts wurde der Niederwald von den Grafen von Ostein zum natürlichen Landschaftspark nach englischem Vorbild umgestaltet und mit verschiedenen, größtenteils noch heute erhaltenen Staffagen ausgestattet. Als Attraktion für Fremde und Reisende hat sich dieser schöne Fleck Landschaft schon früh herumgesprochen. Ob Karl Baedeker die Höhe zu Fuß erklomm - nach seinen Angaben sollten es 45 Minuten Fußweg sein - oder ob er eine Eselstaxe benutzte, die hin und zurück einen Gulden kostete, hat er bei der Aufstellung der Beförderungsgebühren nicht verraten.

Zu Zeiten Osteins wurden für die großen Jagden im Niederwald Hirsche, Sauen und anderes Wild (mitunter auch exotisches) gehalten. Hasen als niederes Jagdwild werden noch heute geschossen. Der „Dippehas" ist ein beliebtes Gericht im Rheingau.

Zutaten:

1 Hase,
2 Pfund Schweinebauch,
Pfeffer, Salz, Schweineschmalz,
2 dicke Zwiebeln,
dörre Zwetschen,
etwas Brot oder Lebkuchen,
Lorbeerblatt, Wacholderbeeren,
Koriander, Pfefferkörner,
Majoran,
2 Schoppen Rheingauer Spätburgunder, Brotteig.

Zubereitung:

Fleisch zerlegen und mit Pfeffer und Salz einreiben. In Schweineschmalz anbraten. Zwiebeln, Zwetschen und Gewürze dazugeben. Etwas Brot und Lebkuchen daranreiben und mit Rheingauer Spätburgunder aufgießen. Brotteig auswellen und wie einen Deckel obenauflegen. Dann den Bräter schließen und den Dippehas im Backofen. ca. 90 Minuten bei 180–200° C garen lassen.

Erbsbrei

Mer kann sich de Finger aach im Erwesbrei verbreche.

Der Weinbau hat nicht nur den Winzern reichliches Einkommen und somit Auskommen verschafft, eine Reihe anderer Berufsstände haben davon gelebt, besonders die vielen Küfer. Eine unscheinbare Speise, nämlich Erbsbrei mit Speck, gehörte zu den Lieblingsgerichten dieser Berufsgattung. Die vielen Fässer, die im Rheingau zur Aufnahme des Weines notwendig waren, haben die Küfer zu einer großen Gruppe von Handwerkern werden lassen. Doch aufgrund der Lagerverhältnisse in den unterschiedlich temperierten Kellern haben die Fässer nur eine begrenzte Lebensdauer. Ein hundertjähriges Faß ist schon eine Rarität. Die meisten Holzfäller und die Küfergerätschaften sind mittlerweile zu Museumsstücken geworden. Im Wein-Museum in der Brömserburg in Rüdesheim sind kunstvolle Faßböden zu bewundern, köstliche Schnitzereien, die Berufsstolz und Wohlhabenheit ihrer ehemaligen Besitzer signalisieren, z.B. die Faßriegel, mit denen die Faßtürchen verschlossen wurden.

Schutzpatron des Weinbaues ist der Winzerpatron St. Urban, der für den Schutz der Reben steht, und dem zahlreiche Bittgänge und Bittprozessionen gewidmet sind. Die Rheingauer Winzerschaft hat auch eine St. Urbanspende ins Leben gerufen. Beim alljährlichen Winzerertedankfest im Kloster Eberbach werden mehrere tausend Weinflaschen als Weihnachtsgeschenk an die Insassen hessischer Altersheime und Krankenhäuser weitergegeben.

Ein altes Brauchtum der Winzer ist auch, daß der Winzer bei der Geburt einer Tochter ein Fäßchen ihres Jahrgangsweines für die künftige Hochzeit hinlegt oder daß der Pate dem Täufling ein Löffelchen Wein einflößt, damit „er en gut Prob" (eine gute Weinzunge) bekommt.

Zutaten:

250 g gelbe Erbsen,
Dörrfleisch,
Zwiebeln,
Salz, Pfeffer.

Zubereitung:

Gelbe Erbsen über Nacht einweichen. Es müssen doppelt soviel Erbsen im Topf sein wie Wasser. Ein tüchtiges Stück Dörrfleisch dazugeben und 3 Stunden köcheln lassen. Den Erbsbrei durchs Sieb streichen und mit Salz und Pfeffer abschmecken. Das gegarte Dörrfleischstück wird in Scheiben zum Erbsbrei serviert. Zum Schluß den Brei mit ausgebratenen Dörrfleisch- und Zwiebelwürfeln („Brocksel") bestreuen.

Spundekäs'

Wenn mer kaan Kees mehr hawwe, ässe mer Limborjer.

Karl dem Großen wird nicht nur die Einführung des Weinbaues im Rheingau, sondern auch die Form des Absatzes zugeschrieben: er soll die Straußwirtschaft „erfunden" und die nötigen Vorschriften dazu erlassen haben, wozu der Kranz oder Strauß gehörte, der dem Durstigen den richtigen Weg in das Ausschanklokal zeigen sollte. Die Straußwirtschaften hielten sich trotz der mittelalterlichen Verbote wegen „Mißbräuchlicher Völlerey" bis in unsere Tage. Zu den mittelalterlichen Regularien gehörte es z.B., daß erst beim Läuten der „Weinglocke" am Feierabend oder sonntags nach der Messe ausgeschenkt werden durfte, daß liederliche Personen „zur Aufrechterhaltung der Sittlichkeit" nicht beschäftigt und nur der selbsterzeugte Wein in des Winzers eigenen Räumen verzapft werden durfte. Da diese Art des Ausschankes immer beliebter wurde, suchte man durch immer neue Regularien auf die Wirte einzuwirken. Schon 1711 werden in einer Verordnung die Verabreichung warmer Speisen verboten und nur erlaubt, „was etwan zum trunck auf dem rosten gebraten werden mag". So sind noch heute „junge Hahne auf Rebholz gegrillt" oder im Herbst „Zwiwwelkuche" typische Genüsse in den zahlreichen Straußwirtschaften. Typischer jedoch sind aber „Worschtebrot" (in seiner kultivierteren Abwandlung und Erweiterung in Form des „Winzertellers"), „Handkäs mit Musik" und der „Spundekäs".

Viele der alten Ge- und Verbote gelten heute noch, wie beispielsweise, daß der Winzer nur vier Monate jährlich „zappe" darf, das heißt seinen eigenen Wein ausschenken darf. Diese Frist kann so in die Länge gezogen werden, wie die Familie weinbergbesitzende Mitglieder hat. Wenn da „de Oma ihr Wingertche" verkonsumiert ist, kommt „de Dante ihr Vertelstück" und „em Unkel sei Daal" dran.

Zutaten:

300 g Butter, 2 Zwiebeln,
2 El Kapern, 2 El Paprika,
2 Tl Kümmel, 2 Tl Senf,
Salz, Pfeffer,
400 g Doppelrahm-Frischkäse,
1 Pfund Sahnequark.

Zubereitung:

Butter schäumig rühren, kleingeschnittene Zwiebeln, Kapern und Gewürze dazurühren. Frischkäse und Quark unterheben. Den Spundekäs stehenlassen, damit er gut durchziehen kann. Mit Zwiebelringen, Tomaten und Paprika garnieren. In einer großen Schüssel servieren. Jeder Gast tunkt sein frisches Brot in die Schüssel.

Woihinkelche

De Winzer hot de Schuck voll Schlambes un die Gorjel voll Dorscht.

Der Riesling gilt als König unter den Rebsorten. Er ist nicht nur ein Individualist, der sensibel auf Umweltfaktoren reagiert, sondern verfügt auch über Eleganz, Würze und eine kernige Säure, wenngleich diese nicht jedem Gaumen zugänglich ist!
Urkundlich gesichert ist er erst 1435 in Rüsselsheim (!) in einer Ausgaberechnung. Hier heißt es, daß man Geld für „umsetzreben rießlingen in die wingarten" ausgegeben habe. Die Benediktiner aus Fulda pflanzten auf dem Johannisberg 1716 rund 294.000 Reben, darunter 38.500 mit dem belegten Sortennamen „rießling". P. Odo Staab, der letzte Kellermeister der Abtei Fulda, schreibt im Jahre 1803: „In dem ganzen Rheingau darf keine andere Traubensorte zur Verfertigung der Weine gepflanzet werden, nur Rüßlinge."
Die Wertschätzung des Rieslings war in den vergangenen Jahrzehnten nicht ungeteilt: im Faß gelegene Rieslingsweine wurden oft abschätzig als „harte Knochen" bezeichnet. Erst in jüngerer Zeit ist man wieder auf die ursprüngliche fruchtige und rassig trocknen Rieslingsweine zurückgekommen. Aus einer Zeit, als man glaubte, daß der trockene Wein einzig und alleine zum Kochen geeignet sei, stammt das nun folgende Rezept, das „Woihinkelche". Überall in Hessen und Rheinland-Pfalz nennt man Hühner „Hinkel" und folgerichtig ist ein junges Hähnchen in Riesling ein „Woihinkelche".

Zutaten:

1 frisches Hähnchen,
2 Knoblauchzehen,
100 g Dörrfleisch,
10 Perlzwiebeln,
10 Champignonköpfe,
2 Tomaten,
1/4 l Aßmannshäuser Rotwein,
50 g Butter, 2 cl Weinbrand,
Salz, Pfeffer, Majoran,
Schnittlauch,
ein Schuß Portwein,
10 g Mehlbutter,
2 El Geflügelfond.

Zubereitung:

Das Hähnchen auslösen, mit Salz und Pfeffer einreiben und mit etwas Butter anbraten. Das grob gewürfelte Dörrfleisch zugeben. Ganze Knoblauchzehen, Perlzwiebeln und Champignons dazu und mit 2 cl Weinbrand flambieren. Tomaten in Würfel schneiden, beigeben, und mit Rotwein und Geflügelfond auffüllen. Ca. 10 Minuten leicht köcheln lassen und mit etwas Mehlbutter (Mehl und Butter zu gleichen Teilen gemischt) anbinden. Zum Schluß frischen Majoran und Schnittlauch zulegen. Zubereitungszeit: ca. 20 Minuten.

(Rezept nach Chefkoch Herbert Pucher, Aßmannshausen)

Rotweinkuchen

**Wasser in de Stiwwel is kei Iwwel,
awwer Wasser im Wei – Jesses nochenei!**

Was der Riesling unter den Weißweinen ist der Blaue Spätburgunder unter den Rotweinen. Er wird hauptsächlich in Aßmannshausen auf rund 50 Hektar angebaut.

Eine Seltenheit beim Rotwein ist es, daß er auf Schiefer wächst. Der Rheingauer Weißherbst, der aus roten Trauben gekelterte Roseewein, mundet jung am besten und ist oft schon trinkfertig, bevor der nachfolgende Jahrgang eingebracht wird.

Sein alter Name ist Klebrot, auch Clebroit und Kleberoth. Der erste „Clebroit-wyngart" wird in der Gemarkung Hattenheim aus dem Jahre 1470 bezeugt. Es liegt nahe, daß die Zisterzienser-Mönche von Eberbach die Sorte Clebrot – Spätburgunder – Pinot noir aus der burgundischen Heimat ihres Ordens mitgebracht haben. 1507 wird der „rothe Wein von Aßmannshausen" bei einem Festessen gerühmt, und als Goethe 1814 dem Rochusfest in Bingen beiwohnte, war „der sehr beliebte Aßmannshäuser Rote" ein Begriff. Kredenzt wird der Rheingauer Wein im „Römer", einem Stengelglas, dessen kelchförmige Kuppa von einem sich nach unten konisch erweiternden Fuß, der meist gewellt oder gerippt ist, bei farbiger Tönung getragen wird. Der Name „Römer" im Hinblick auf eine evtl. Herkunftsbezeichnung ist allerdings irreführend. Die Bezeichnung läßt sich nicht von den „alten Römern" herleiten. In der Epoche der Renaissance, wo man in allen Bereichen die römische Tradition der Stadt betonte, nannte man alle Arten der Kuppengläser „römische glaeser". Im Rheingau unterscheidet man den 0,2 Liter fassende normale „Rheingauer Römer" von dem „Piffche", wie der 0,1 Liter fassende kleine Römer genannt wird.

Man kann den Rotwein allerdings nicht nur aus dem Glas trinken, sondern auch über den Umweg durch einen leckeren Kuchen genießen.

Zutaten:

250 g Butter,
200 g Zucker,
1 Päckchen Vanillezucker,
4 Eier, 50 g Zucker,
1/4 l Aßmannshäuser Spätburgunder,
250 g Mehl,
1 Päckchen Backpulver,
1/2 Tl Zimt,
1 Tl Kakao,
100g Schoko-Raspeln.

Zubereitung:

Eier mit 50 g Zucker schaumig rühren. Butter mit 200 g Zukker und Vanillezucker schaumig rühren und die Eier unterziehen. Den Rotwein, Mehl, Backpulver, Zimt, Kakao und Schoko-Raspeln zugeben und alles gut verrühren.

Den Teig in eine gefettete Gugelhupfform füllen und bei 200° im Backofen 15 Minuten backen, dann Hitze auf 180° herunterstellen und den Kuchen ca. 35 Minuten ausbakken. Mit einem Puderzucker-Rotweinguß überziehen.

(Rezept nach Chef-Patissier Hans-Albrecht Glasner, Aßmannshausen)

Weinäpfel

**Wie Reben sich ranken mit innigem Trieb,
so meine Gedanken – habt alles hier lieb!** (Clemens Brentano)

Die Lobpreisungen des Rheingaues haben einen Höhepunkt in der Zeit der Romantik erfahren, als die Dichter Clemens Brentano und Achim von Arnim an einem Junitag 1801 das Mainzer Marktschiff zu einer Fahrt nach Rüdesheim bestiegen haben. Aus einem naturhaften Heimatgefühl erwuchsen damals die frei erfundenen Rheinmärchen des Clemens Brentano.

Bereits einige Jahre vorher hat Goethe den Rhein entdeckt. Als 23jähriger machte er sich von Wetzlar davon und, lahnabwärts wandernd, kehrte er in Ehrenbreitstein bei der „Dichtermutter des Sturm und Drang", Sophie von La Roche, ein und verliebt sich in deren Tochter Maximiliane. Es trägt nicht wenig zur depressiven Stimmung seines zwei Jahre später niedergeschriebenen Werther-Romans bei, als Maximiliane den Frankfurter Kaufmann Anton Brentano heiratete.

Die berühmten Geschwister Clemens und Bettina entstammen dieser Verbindung. Bettina entwickelte eine schwärmerische Leidenschaft zu dem 63 Jahre älteren Goethe. Im Hause Brentano in Winkel war dann auch Goethe öfters zu Gast und schwärmt vom Rheingauer Wein: „Rüdesheimer Berg, der Scharlach- und Johannisberg und wie all das edle Gefels heißt, wo der beste Wein wächst, fangen die heißen Sonnenstrahlen wie blitzende Juwelen auf ... es ist, als ob der Herr mit neu belebendem Finger die alte Schöpfung wieder aufgefrischt hätte."

Mit der Aufhebung der Kontinentalsperre 1814 kamen große Scharen von Engländern an den Rhein. Es wurde geradezu Mode, am Rhein gewesen zu sein.

Zutaten:

Äpfel, Mandeln, Rosinen, Zucker, Zimt, Butter, Rheingauer Riesling.

Zubereitung:

Äpfel schälen und Kerngehäuse ausstechen. Geriebene Mandeln mit Rosinen, Butter, Zucker und etwas Zimt mischen und damit die Äpfel füllen. Äpfel in eine feuerfeste Form setzen und reichlich mit Riesling übergießen. Ca. 30 Minuten im Backofen bei 180° garen. Dazu reicht man kalte oder heiße Vanillesauce.

Wipp'

**En Bembel Wei am Bettgestell
jaacht Dod un Deuwel in die Höll.**

Zweifellos ist der Wein eine Art Urmedizin mit geheimnisvollen Zauberkräften. So werden die edlen hochwertigen Weine schon immer als Heilmittel hochgeschätzt und verehrt, auch im Rheingau.
Wenn „muddisches" Wetter ist, Erkältungen zu befürchten sind, soll man zum Vorbeugen oder Heilen schnell warmen Wein oder einen „Wipp", einen warmen Eierwein, trinken. Wird einer ohnmächtig, dann muß man mit „Wein wäsche" oder mit „Wein aastreiche", das belebt angeblich.
Bienenstiche behandelt man im Wingert erfolgreich mit „Lahme" (Lehm).
Er wird auf die verletzte Stelle geschmiert, kühlt und heilt. Die kristallhellen Tropfen, die nach dem Rebschnitt aus dem Holz quillen, sollen, auf die Augen geträufelt oder eingerieben, zu hellen und klaren Augen verhelfen.
Ein bekannter Krankheitsbegriff früher war „Zahnweh odder en Fraa von Hallgaade". Das erstere Übel wurde damit kuriert, daß man „derre Quetsche" so lange im Mund behielt, bis die Schmerzen vorüber waren.
Man soll nur soviel trinken „wie mit aller Gewalt in aans nei geht". Aber in Maßen getrunken ist der Wein Labsal und Medizin. Schön regelmäßig getrunken und zwar so viel, wie das individuelle Quantum zuläßt, kann ein hohes Alter bringen. „Den hat der Wein jung erhalten", wird es dann heißen und er wird „den Löffel nicht zu früh weglegen".

Zutaten:

pro Person 1 Ei,
1 El brauner Zucker,
1/8 l herber Weißwein.

Zubereitung:

In einem Töpfchen auf dem Herd das Ei mit einem Schneebesen schaumig schlagen, nach und nach Zucker und Weißwein zugeben und so lange schlagen bis eine durch und durch schaumige Masse entsteht. Heiß trinken!

Rieslingsorbet

Es gibt nix besseres als was Gutes.

In Rüdesheim wird ein bekannter Sekt und seit der Jahrhundertwende ein berühmter Weinbrand hergestellt, für den der Rohstoff ausschließlich von französischen Winzern aus der Charente kommt. Ähnlich wie aus Wein andere köstliche Getränke wie Sekt und Weinbrand erzeugt werden, verhält es sich mit der kulinarischen Umwandlung in die Form des Sorbets.
Ein solches Rieslingsorbet könnte auch 1883 bei den Einweihungsfeierlichkeiten des Niederwalddenkmals gereicht worden sein. Hier im Niederwald erbaute man im „denkmal-seligen" 19. Jahrhundert an dafür „besonders geeigneter Stelle", als Erinnerung an den Krieg 1870/71 und die Errichtung des deutschen Kaiserreiches das Niederwalddenkmal. Es wurde am 28.9.1883 von Kaiser Wilhelm 1. persönlich eingeweiht. Das Reichsoberhaupt wäre seinerzeit beinahe einem Attentat zum Opfer gefallen, wenn nicht das Mordwerkzeug der Täter im entscheidenden Moment versagt hätte.
Das Denkmal darf der eigentliche Anlaß für den zunehmenden Tourismus gewesen sein. 1885 wurde eine für damalige Verhältnisse supermoderne Zahnradbahn installiert, die Millionen Touristen zur überdimensionalen, schwergewichtigen Dame, der „Germania" beförderten, die mitunter als „preußische Madonna" bezeichnet wird.

Zutaten:

0,7 l Riesling,
10 cl Läuterzucker
(Zucker und Wasser 1:1 aufkochen),
Saft einer Zitrone,
Riesling-Sekt zum Aufgießen.

Zubereitung:

Die sehr gekühlten Zutaten zusammenrühren und im Tiefkühlfach kaltstellen. Die Sorbetschüssel in eine größere Schüssel mit Eis und Salz stellen und immer wieder das Sorbet aufrühren bis eine „schneematschige" Masse ensteht.
Das Sorbet in Gläsern anrichten und mit eiskaltem Riesling-Sekt übergießen.

Salm in Riesling

Ein Fisch im Teller is besser wie e Fedder uffem Hut.

Der Rhein, der deutsche Strom, ist aufs engste mit den Geschicken der Rheingauer verbunden. Als Verkehrsweg wird er seit Jahrtausenden benutzt. Aber er hatte auch seine Tücken z. B. das berüchtigte „Binger Loch" mit seinen gefährlichen Riffen und Strudeln. Die Schiffer mußten ihre Lasten vor dem West-Nord-Rheinknie bei Rüdesheim ausladen und durch den Niederwald nach Lorch tragen. Bis in unsere Zeit gab es keine andere Landverbindung zwischen den beiden Ortschaften als diesen uralten „Kaufmannsweg". Bei hohem Wasserstand konnten die Schiffe die einzige sehr schmale Fahrrinne nahe dem Rüdesheimer Ufer benutzen. Dies war zu normalen Zeiten der Weg für die Leinreiter (der Leinpfad), die mit ihren Pferden die Schiffe stromaufwärts zogen. Nutznießer dieses umständlichen Gütertransportes waren die ortsansässigen Handwerker, Wirte und vor allen Dingen die Herren der Burgen, die hier über den Strom, das Land und die Leute herrschten und keine Mühe hatten, von den Kapitänen für die Durchfahrt saftige Zölle zu erheben.

Das Wasser des Flusses war bis vor fünfzig Jahren noch kristallklar – trotz der mächtig qualmenden Schlote all der Schiffe, die ihn befuhren. Zu dieser Zeit war er noch so frisch und lebendig wie vor 2.500 Jahren, als die Kelten ihre Handelsgüter auf ihm beförderten. Damals gab es auch noch einen Berufsstand, der mittlerweile ausgestorben ist: den des Fischers. Der Rhein glich einem Paradies der Fische. Einer davon, der Rheinsalm, seit dem frühen Mittelalter eine beliebte Delikatesse.

Zutaten:

800 g Lachsfilet,
20 g Butter,
20 g Schalotten,
1/4 l Rieslingwein,
je 50 g Staudensellerie, Karotten und Lauch in Streifen.

Für die Sauce:
1/4 l Fischfond,
4 cl franz. Wermuth,
2 cl Crème double,
20 g Butter,
Salz, Cayennepfeffer,
2 cl Rieslingsekt.

Zubereitung:

Lachs in 4 Stücke schneiden. Schalotten in Butter glasig werden lassen, Lachs hinzugeben und mit Rieslingwein angießen. Lachsfilets bei 180° ca. 4 Minuten lang (je nach Größe!) im Backofen garen. Dann den Rieslingfond abgießen und den Lachs mit blanchierten Gemüsestreifen garnieren und warmstellen. Für die Sauce den Rieslingfond mit Fischfond mischen, einkochen und auf 1/4 reduzieren. Wermuth und Crème double dazugeben. Weiter einkochen, passieren und würzen. Butter dazumixen und mit Sekt verfeinern.

Sprichwörter, Reddensarte und Werkedaachs-Weisheite aus dem Rheingau

Ein heimatlicher Kernspruch, der immer richtig ist, wenn man ihn nicht durch Übermaß ins Gegenteil verwandelt, heißt:
„Gut esse un trinke hält Leib un Seel samme!"
Zunächst soll vom ersteren, vom Esse oder „Achele" die Rede sein. Ausdruck unserer bekannten Gastfreiheit und zugleich selbstbewußte Aufforderung zum Zulangen ist:
„Was mer uff de Disch stelle, gewwe mer verlorn", das heißt – es braucht nichts übrig zu bleiben.
In Gegenden, in denen die Einwohner mit guten Weinzungen begabt sind, werden auch an das Essen Ansprüche gestellt. Deshalb heißt es:
„Aamool gut gesse,
duht eim gut die ganz Woch,
Aamol gut geschlacht',
duht eim gut de ganze Winter,
Aamol gut geheirat',
duht eim's ganze Lewe lang gut."
Und wenn der Appetit fehlt, sagt man:
„Mer muß dem Maul nur anbiete!"
Nutzt das nichts, dann ist der Betreffende:
„zu faul zum Fresse".
Der Verschwender
„rührt mit dem große Löffel".
Einem, der anspruchsvoll, d. h. im Volksmund „schneekich" (wählerisch) ist:
„Dem werd's Maul sauwergehalle"
oder
„Dem wird die Zung' geschabt".
Das waren Sprüche, die wörtlich mit dem Essen zu tun hatten.
Nun kommen die bildlichen:
„Wann's Grießbrei regnet, muß mer die Scherz (Schürze) uffhalle."
Um die Bedeutung einer Person ironisch herauszustellen:
„Wann mer Dich nit hätte un die Löffel...müßte mer grad die Supp trinke."
Hat einer etwas gesagt, was der andere übelnimmt:
„Der is in's Fettdippche getrete."
Etwas, was nicht eindeutig klar ist:
„Das ist so klar wie Klößbrüh" (die ist nämlich trüb)
Und, wenn wir schon an den Klößen sind, eine Ermahnung zur Geduld:
„Immer einer hinner'm annern, wie mer die Klöß' ißt."
Nun zu den verschiedenen Leibgerichten.
Scherz für einen, der wissen will, was es zu essen gibt:
„Supp, Gemüs und Hinkelsfüß",
oder
„Kartoffele, Has' und Gans" (Kartoffeln heiß und ganz, also „Quellmänner")
Die Kreppelbackerei an Fastnacht spielt im Volksmund eine große Rolle. Galgenhumor ist es, wenn man sagt:
„Wann de arm Mann Kreppel backt, riecht's das ganze Ort."
Oder
„Wann die arme Leut Kuche gebacke hawwe, wird's kein Tag" (wird es nicht hell).
Frau Rat Goethe hat in ihrer Frankfurter Mundart einmal an Bettina von Brentano nach Winkel ins Brentanohaus geschrieben: **„Ich hab kei Zeit – un hab sovill zu tun wie die Pann uff Fassenacht!"**, was bestimmt einen hohen Grad von Beschäftigtsein darstellt. Ein sehr beliebter Spruch ist auch: **„Es geht ja nit um die Fassenacht, es geht um die Kreppel!"** Er wird angewandt, wenn jemand mit dem wahren Zweck einer Anfrage herausrückt. Und nochmals ohne Kommentar zum Thema Pfanne: **„Es geht nix über en eiche Häusje, un wann's so klein is, daß die Pann mit dem Stiel zu de Dür erausguckt!"**
Jemand, der sich schämt, ist **„So klein wie Mehl".**
Und als Schluß der Essens-Weisheiten ein Spottwort, das man einem zuruft, von dem man genug hat:
„Geh haam – Ihr esst!"
Auch als Ironie im Sinne von **„Ach, wirklich – ist der Groschen schon gefallen?"**

Hedwig Witte
(Auszüge aus „Rheingauer Spätles" Frankfurt 1985)

V Kräftiges aus der Schwalm

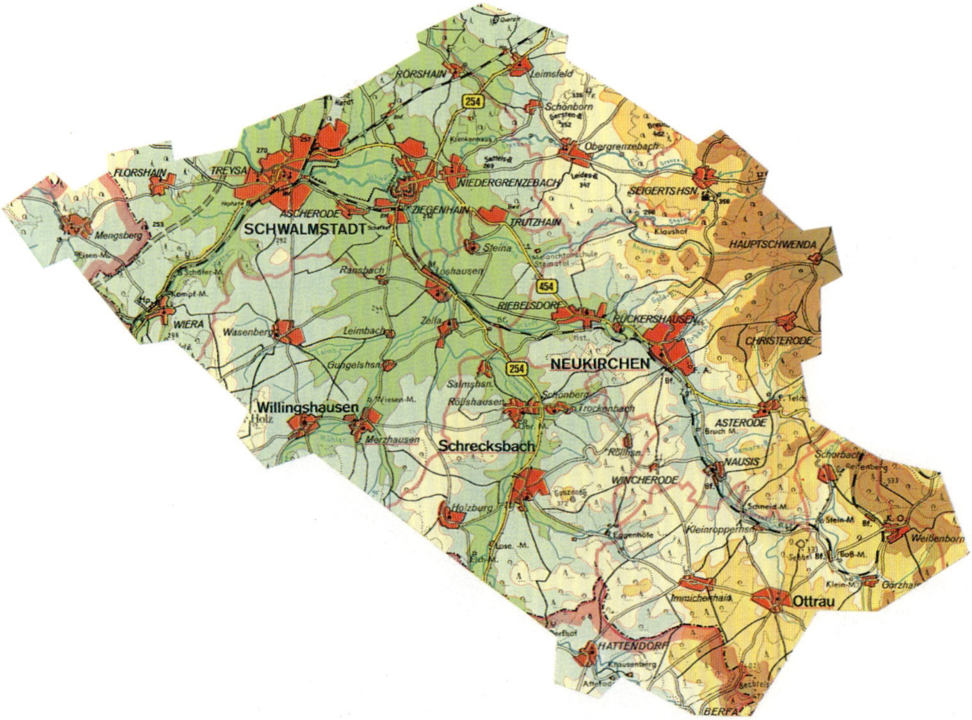

Eingegrenzt zwischen Knüllgebirge und Kellerwald im Norden und Vogelsberg im Süden liegt am Mittellauf des gleichnamigen Flüßchens die Schwalm. Als landschaftliche Einheit ist die Schwalm noch recht jung und läßt sich nur bis ins 19. Jahrhundert zurückverfolgen. Die alte Hessenfeste Ziegenhain war und ist kultureller Mittelpunkt der Schwalm. Das im Talbecken liegende Gebiet mit seinem fruchtbaren Ackerboden umfaßte ehemals rund 40 Gemeinden. Der überwiegende Teil der Bevölkerung lebt noch heute von der Land- und Forstwirtschaft. Nicht von ungefähr liegt dieses Gebiet auch mit der Erzeugung von landwirtschaftlichen Produkten an der Spitze in Hessen. Mit der Gebietsreform ist die Schwalm 1974 in den Schwalm-Eder-Kreis, dem flächenmäßig zweitgrößten Landkreis in Hessen, aufgegangen. Der Sitz der Kreisverwaltung ist für die nunmehr 180.000 Einwohner Homberg an der Efze.

Der neue Kreis zählt 94 Luftkurorte, staatlich anerkannte Familienferienorte sowie Erholungs- und Kneippkurorte.

Die Schwälmer Küche

Die Schwalm ist eine der schönsten und kulturell bemerkenswertesten Landschaften Hessens an der Grenze zwischen Ober- und Niederhessen. Noch heute geben die großen Hofanlagen und stattlichen Fachwerkhäuser Hinweise auf einen bäuerlichen Wohlstand, der eine überaus prächtige Volkskunst an Mobiliar, Keramik, Gebrauchsgegenständen, vor allem aber in der ländlichen Kleidung, der Schwälmer Tracht, mit sich brachte.

Die Bevölkerung selbst differenzierte zwischen der „dicken Schwalm" in den fruchtbaren Talschaften und den „Heckendörfern", die in den nicht so sehr von der Natur begünstigten Zonen am Rande liegen. Die Schwälmer werden vielfach als selbstbewußtes Völkchen bezeichnet, voll Besitzstolz und Eigenartigkeiten. Ganz entgegengesetzt jedoch sind die Eß- und Trinkgewohnheiten in dieser Landschaft in früheren Zeiten: die tägliche Kost bestand überwiegend aus Erzeugnissen, die der eigene Hof und der Hausgarten lieferten. War das Mittagessen noch relativ vielgestaltig mit Eintöpfen, Gemüse-Kartoffel-Mahlzeiten und Pfannengerichten, so waren für den Abend Pellkartoffeln mit einer Tunke die Regel. Zwischen dem Hofbauern und dem Gesinde gab es keinen Unterschied – jeder aß das Gleiche und meist noch an einem Tisch und aus einer Schüssel.

Der Speiseplan der Werktage war einfach aber kalorienreich. Nicht so an Sonn- und Feiertagen, besonders dann, wenn Kirmes oder Familienfeste gefeiert wurden, wie Kindtaufe, Hochzeit oder auch Begräbnisse. Da gab es Bauchfleisch und Sauerkraut, Reis und Meerrettich mit Rindfleisch, Schweinebraten mit Salat und eine Unmenge an Kuchen, die in Quadratmetern gerechnet wurden.

Dem Haushalt stand und steht die Schwälmerin vor. Sie allein ist für den Küchenfahrplan zuständig. Und da läßt sie sich nicht hineinreden:

„Ech seng die Frä on kommeider om Hob die Untertane,
hon Mäd on Knechte em Visier, die Hinner on die Hone.
On koche kann ech mancherlei:
Kohlrabe, Wecksopp, Hirschebrei.
So wett ranschiert jahrein, jahraus,
dofer seng ech die Frä im Haus."

Kartoffelklöß' mit Specksoß'

Bann m'r von nix weeß, schmeckt's Suremus (Sauerkraut) bi's Fleesch!

Die Schwälmer Tracht prägte die Landschaft und ihr Erscheinungsbild. Gegen Ende des 18. Jahrhunderts hat sie sich herausgebildet und in den ersten beiden Jahrzehnten unseres Jahrhunderts ihre ganze Pracht entfaltet.

Um 1930 trugen in den Schwalmgemeinden noch 50 % der Männer und nahezu 100 % der Frauen Tracht. Nach dem 2. Weltkrieg und zu Beginn der 50er Jahre änderte sich das schlagartig: viele Frauen hatten sich „umgekleidet", und die jüngere Generation legte die überlieferte Tracht nicht mehr an. So beschränkt sich heute das Trachttragen nur noch auf die Älteren.

Dessen ungeachtet gehört die Schwälmer Tracht zu den markantesten in Deutschland. Eine starre, überlieferte Vorschrift unterschied die bunten Trachten der unverheirateten Mädchen mit ihren roten Betzeln von denen der verheirateten Frauen, die die grüne Farbe bevorzugten. Im fortgeschrittenen Alter dominierten blaue und lila Töne. Natürlich trugen die Frauen und Töchter der reichen Bauern eine aufwendigere Tracht als die Taglöhnerinnen. Das konnte man z. B. an der Zahl der Röcke ablesen, die übereinandergetragen wurden. Die Männer zogen dunkelblaue Kittel und die jungen Burschen die Festtagsmotzen und die kostbaren Otterfellmützen an.

Gelegentlich ist all dies noch bei Dorffesten und bei folkloristischen Umzügen zu sehen.

(Rezept von Annleis Peter)

Zutaten:

5 Pfund rohe Kartoffeln,
2 Pfund gekochte Kartoffeln,
2 Brötchen,
2 Eier,
1 Stange Porree,
1 El Majoran, etwas Nelkenpfeffer und Salz,
zum Füllen grobgeschnittene „ahle Wurst".

Zubereitung:

Pellkartoffeln schälen, abkühlen lassen und reiben. Rohe Kartoffeln reiben und auspressen. Zur Kartoffelmischung grobgeschnittene Brötchen und Porree, sowie Eier und Gewürze geben und einen Teig kneten. Klöße formen und in jeden Kloß ein gutes Stück „ahle Wurst" drücken. Die Klöße in kochendem Salzwasser eine halbe Stunde garziehen lassen. Speckwürfel ausbraten, Zwiebelringe dazugeben, mit Milch aufgießen und einer Prise Salz abschmecken. Diese Specksoße über die Klöße geben.

Mattekuchen

Wenn die Käs' was genutzt hätten, dann wären sie Butter geworden.

Die Kuchen sind besonders in der Schwalm beliebte Festtagsspeisen. Zimmetkuchen, Zuckerkuchen, Mattekuchen, aber auch Apfelplatz und Zwiebelplatz - Grundlage ist hier der Brotteig - wurden im Dorfbackhaus gebacken.
Das selbstgebackene Brot war die Nahrungsgrundlage in jedem Schwälmer Haus, Bäckerbrot war weitgehend unbekannt. Die Frauen, die in der Woche backen wollten, trafen sich Samstagabend vor dem Dorfbackhaus, wo der Gemeindediener die Reihenfolge des Backens auslosrte. Am Abend vor dem Backtag wurde der Sauerteig angesetzt und dann kräftig geknetet. Am nächsten Morgen brachte man die fertigen Laibe auf dem Backbrett auf der Schulter zum Backhaus, ein Kommunikationszentrum für Neuigkeiten und Gerüchte.
Heute sind Gelegenheiten zur Unterhaltung, aber auch zum Verzehr von Kaffee und Kuchen, die Treffen und gemütlichen Runden der Stickerinnen. Hier wird eine besondere kunsthandwerkliche Kostbarkeit weitergetragen: die Schwälmer Weißstickerei. Ehemals waren diese kostbaren Stickereien Aufgabe der „Nähtersche", der Näherin, die die vielen prunkvollen Wäschestücke, wie Hemden und Schürzen, aber auch Tisch- und Bettwäsche auszierte, und die aus einem überlieferten Musterschatz schöpfen konnte. Mittlerweile ist diese Art der Handarbeit zu einer beliebten Beschäftigung für viele Frauen und Mädchen nicht nur aus der Schwalm geworden.

Zutaten:

für ein Kuchenblech:
Hefeteig,
2 Pfund Quark,
4 Eier,
Zucker, Vanillezucker,
Rosinen,
etwas Milch.

Zubereitung:

Einen Hefeteig kneten, auswellen und auf das Kuchenblech legen. Mit einer Gabel einstechen, damit sich keine Blasen bilden.
Für den Belag Quark, Eier, Zukker, Vanillezucker und eine Handvoll Rosinen gut vermengen. Scheint der Belag zu trokken, noch etwas Milch zugeben. Im Backofen bei 220–240 Grad 30–40 Minuten backen.

(Rezept von Léiswet Lippardt)

Dünner Lattch

**Den Montag gibt's Kardoffelsopp,
dann geht's die ganze Woch Galopp.**

Die Eßgewohnheiten im Schwälmer Haus waren in früheren Jahrzehnten recht spartanisch. Sowohl der Hausherr und seine Familie, als auch Knechte, Mägde und Taglöhner aßen gemeinschaftlich aus derselben Schüssel, niemand benutzte einen Teller. Als Eßbesteck verwendete jeder einen hölzernen Löffel, der aus Ahornholz geschnitzt war. Jedes Mitglied des Hauses erhielt sein unveräußerliches, mit dem Namen versehenes Eigentum auf Lebens- oder Dienstzeit. Zum Schluß der Mahlzeit wischten alle Teilnehmer den Holzlöffel an „seinem Ende" mit dem „Brottuche" sauber ab und steckten es in das an der Wand hängende Löffelkörbchen; das Abwaschen wurde somit gespart.

Eine alte Schwälmer Küche mit offenem Herd und Rauchfang wird man heute sicherlich in keinem Hause antreffen können. Da muß man schon in das Museum in Holzburg gehen, wo u.a. auch eine komplett eingerichtete Wohnung mit typisch Schwälmer Mobiliar zu sehen ist. Die Besucher erhalten dort Auskünfte über die besonderen Lebensweisen in der Schwalm, über die Trachten und die Schwälmer Volks- und Handwerkskunst.

Wenn man auch keine alte Küche mehr in Funktion sehen kann, so doch noch reichlich Bauerngärten. Sie sind nach den alten Mustern angelegt und aus dem Erfahrungsschatz der Altvorderen überliefert. Als Reich der Bäuerin zeigen sie in ihrer Art etwas von der Seele der Frau, die ihn angelegt hat und bewirtschaftet. Die Beete wechseln von Gemüse für den Küchenbedarf mit Küchenkräutern und Blumen für den Schmuck der Stuben und Kammern.

(Rezept von Martlies Diehl)

Zutaten:

1 großer Kopf Salat, Salz,
100 g fetter Speck,
2 l Dickmilch.

Zubereitung:

Salat waschen, kleinschneiden und mit Salz gut zerdrücken. Den Speck kleinschneiden, ausbraten und heiß über den Salat geben. Sofort die Dickmilch drübergießen und alles gut durchrühren. Dazu reicht man Pellkartoffeln, Blut- und Leberwurst. Ein frisches Sommeressen!

Rindfleisch mit steifem Reis

„Besser erfreit

Eine Schwälmer Hochzeit war und ist der Inbegriff der Opulenz. Hier vereinigt sich die Sucht nach Selbstdarstellung einer besitzbäuerlichen Bevölkerungsschicht mit dem Farbenspiel und Material in der Brautausstattung, in der Brautkleidung, in der Mitgift, dem Essen und Trinken während der zeremoniellen Handlung der Eheschließung und der nachfolgenden Feier. Dieser Überfluß war für eine stattliche Zahl von Hochzeitsgästen berechnet. Oftmals lag sie bei 200 bis 300 Personen, die Kinder nicht eingerechnet.
Diese ausgeprägten Feiern waren den Landesherren in alten Zeiten ein Dorn im Auge. Landgraf Ludwig 1. ordnete z.B. 1425 an, daß bei Eheschließungen am ersten Abend nur noch 15 Schüsseln, zur „Brautsuppe" höchstens 50 und am folgenden nochmals 15 Schüsseln aufgetragen werden, wobei eine Schüssel für zwei Personen gedacht war.
Zum traditionellen Schwälmer Hochzeitsessen gab es in früheren Jahrzehnten trockene Wecksuppe und Rindfleisch mit steifem Reis. Die Gästeschar erschien in der festlichsten Ausstattung, der Schwälmer Tracht. Das galt auch für Braut und Bräutigam. Sie wurden schon in den frühen Morgenstunden angekleidet. Überaus reich und kostbar war vor allem die Braut ausgestattet. Die Vielzahl der Röcke und Zutaten, die die Braut schmückten, konnte von ihr nicht alleine arrangiert werden. Dies war die Aufgabe der „Schappelfrau", einer Näherin.

Zutaten:

1 kg Rindfleisch (für 4 Pers.),
Knochen für die Brühe,
1 Lorbeerblatt,
1 Stange Porree,
1 Zwiebel,
Salz.

Zubereitung:

Die Knochen in ca. 3 l Wasser kochen, abschäumen und Rindfleisch zugeben. Mit Lorbeerblatt, Zwiebel, ganzem Porree und ein wenig Salz 2 – 3 Stunden kochen.
Reis in brauner Butter anbraten und mit Fleischbrühe (vom Rindfleisch) bedecken. Er wird gekocht wie Milchbrei bis er die Flüssigkeit ganz aufgenommen hat.
Vor dem Anrichten mit gebräunter Butter übergießen und mit etwas Zimt bestreuen. Frischen Meerrettich reiben (ca. 2 Stangen), in Butter dämpfen, mit Fleischbrühe aufgießen, kleingeschnittene Äpfel und 1 eingeweichtes Brötchen dazugeben. Mit Salz und Butter abschmecken.

(Rezept von Annleis Glänzer)

Wecksuppe

wie erarbeitet!"

Die Schappelfrau war schon früh am Morgen mit einer Vielzahl von Schachteln unterwegs zum Brauthaus. Über vier Stunden mußte die Braut stillsitzen, bis sie richtig angekleidet war. Über die vielen Röcke, die mit der Verheiratung grün „geschlängt" waren, kamen Bruststecker und viele Bänder. Der prächtige Kopfputz, das „Schappel" war die Krone der bräutlichen Ausstattung: über einem Kringel wurde ein Gebilde aus 32 Metern Seidenband, das die Näherin schon zu Hause ziehharmonikaartig zusammengelegt und gesteckt hatte, befestigt und ein Kränzchen aus vielen bunten Perlen und Kügelchen vorgesteckt. In der Mitte zwei kleine Figuren, als Anspielung auf den erhofften zukünftigen Kindersegen. Die seidene Schürztuchschnüre, die weißen gestrickten Handschuhe und die prächtigen Schnallenschuhe bildeten den Abschluß.

Der Bräutigam trug zum dunklen Kirchenrock und Ohrenstiefeln das kunstvoll bestickte Bräutigamshemd und den Dreimaster. Auf diesem war die „Luft" befestigt, ein hoher Aufputz aus Glaskugeln, Perlen und Rosmarienzweige, die nach der Hochzeit gepflanzt wurden. Am Kirchenrock hing das bunte Seidentuch herunter. Mit dem Faden, der dazu vernäht wurde, hatte man später die Windel des Erstgeborenen gesäumt.

Unter der reichhaltigen Mitgift der Brautleute war auch ein Brautstuhl, ein mit Kerbschnitzerei verzierter Pfoststuhl mit Namen der Braut oder des Bräutigams und der Jahreszahl der Eheschließung.

Zutaten:

Brötchen, Fleischbrühe, Butter, Zimt.

Zubereitung:

Altbackene Brötchen in Scheiben schneiden und in eine Schüssel dicht aufeinanderschichten. Mit heißer Fleischbrühe tränken, bis sie sich ganz vollgesogen haben. Braune Butter darübergießen und die schmackhafte Wecksupp mit Zimt bestreuen.

(Rezept von Mariechen Boppert)

Saure Brüh

E bleere Sauw wäd selle fätt.

Die Saure Brüh war ehemals eine begehrte Speise beim Schlachtfest. Es brachte einen Farbtupfer in das tägliche Einerlei der Wintermo-nate.

Der Vormittag des Schlachttages war ausgefüllt mit Hacken und Griebenschneiden. Am Mittag gab es „Quellfleisch" und am Abend die „Wäschtsaop" für alle Beteiligten und Gäste. Und so sah der Küchen-zettel eines Schlachtfestes aus: 1. trockene Brot- oder Wecksuppe, 2. Sauerkraut und Schweine-fleisch, 3. steifer Reisbrei und Rind-fleisch, 4. Kohlraben und Schwei-nefleisch, 5. Saure Brühe, 6. Kar-toffelklöße, 7. Zwetschen, 8. „Wecke-milch". Die Kinderschar saß an einer besonderen Tafel; ihr wurden später die Schüsseln vom Tisch der „Gro-ßen" gereicht.

Ungefähr zur Mitte des Schlacht-festes erschien das „Schlachtemänn-chen" (eine vermummte, ärmere Person aus dem Dorf oder auch ein Knecht oder eine Magd) mit gro-ßem Knüppel und weitbauchigem Gefäß, um die Kinder mit ver-stellter Stimme drohend zum Beten aufzufordern; vor allen Din-gen aber, wenn es eine arme Person war, um einen kleinen Tribut an Fleischbrühe und Schlachtebrocken einzuheimsen.

Oft blieben die gebetenen und ungebetenen Gäste bis in die späten Abendstunden und probierten gegen Mitternacht noch von der frischen Kochwurst.

Zutaten:

½ Pfund hartes, trockenes Brot,
100 g Butter,
1/8 l Sirup,
Salz, Zucker nach Geschmack,
1/8 l Rahm und 2 Eier.

Zubereitung:

Brot in Wasser einweichen, in Butter anbraten und kurz aufkochen lassen. Sirup, Salz und Zucker nach Geschmack zugeben. Vom Feuer nehmen und Rahm und Eier darunterrühren. Dazu ißt man Pellkartoffeln und Bratwurst.

Für die „sure Brie" kann man das geriebene Brot auch mit Fleischbrühe aufkochen, Sirup und Gehacktes daruntergeben und mit Pfeffer abschmecken.

(Rezept von Annels Hahn)

Schmandhering

Wo m'r sich net saat eßt, läckt m'r sich öch net saat!

Was anderorts unter Rahm oder Sahne verstanden wird, heißt in der Schwalm, wie in der ganzen ober- und niederhessischen Region „Schmand", auch „Schmant", oder mundartlich „Schmaand". Neben den Ostpreußen verwenden hauptsächlich die Hessen sehr gerne Schmand zur Verfeinerung der Speisen. Für Heringsgerichte – einstmals das Verlegenheitsessen des kleinen Mannes, zwischenzeitlich zur Delikatesse avanciert – wird allgemein saure Sahne verwendet, weil die süße Sahne den typisch säuerlichen Geschmack des Herings zu sehr verfremden würde. Schmandheringe sollte man auf Schwälmer Geschirr servieren. Es wird noch heute (oder heute wieder) in zwei Werkstätten, in Schwalmstadt-Treysa und Willingshausen auf der altväterlichen Töpferscheibe gedreht und mit dem Malhorn verziert.

Die Schwalmtöpferei war einstmals in Alsfeld, Frielendorf, Homberg (Efze), Michelsberg, Oberaula, Breitenbach und vor allem in Treysa beheimatet. In der 1371 letztmals erwähnten Wüstung „Knechtsbach" östlich von Michelsberg wurden gerade in den letzten Jahren Abfallgruben mehrerer mittelalterlicher Töpfereien aufgedeckt.

Die große Zeit der Schwälmer Töpferei war aber das 19. und beginnende 20. Jahrhundert, wo für die Brautausstattung eine Vielzahl keramischer Gefäße benötigt wurde. Dem Anlaß entsprechend waren diese Töpfe, Kannen und Teller meist mit dem Namen der Besitzerin und der Jahreszahl der Entstehung in einer sog. Herzkartusche mit dem Malhorn eingemalt. Der übrige Zierrat bestand aus Blumenranken, Maiglöckchenstauden und geometrischen Motiven.

Zutaten:

4 Salzheringe (pro Person einer),
1 Zwiebel,
1 Apfel,
1 saure Gurke,
Gurkeneinlegebrühe,
400 g Schmand
(fette saure Sahne).

Zubereitung:

Salzheringe wässern und in der Einlegebrühe von sauren Gurken durchziehen lassen. Zwiebel, Apfel und Gurke kleinschneiden und mit dem Schmand vermengen. Die enthäuteten Heringe in drei Stücke schneiden und in den Schmand legen. Ein paar Stunden ziehen lassen, dann schmecken die Schmandheringe besonders gut. Dazu gibt es heiße Pellkartoffeln.

(Rezept von Peter Erbe)

Eierbier

Wo ein Brauhaus steht, steht kein Backhaus.

Die Trinkgewohnheiten in der Schwalm waren früher recht einfach. Meist wurde selbstverfertigter Obstwein und sog. Aufgesetzte getrunken. Nur zu Festtagen gab es Bier, aber davon reichlich!
Den selbsterzeugten Getränken schrieb man vielfach eine besondere Heilwirkung zu, d.h. die Schnäpse und Liköre wurden für Magenverstimmungen und zur Kräftigung von Leib und Seele bereitgehalten. Wen wundert es da, wenn mancher Schwälmer unter permanenten Magenbeschwerden litt.
Ein gutes Hausmittel mit kräftigender Wirkung - aber auch als Schlaftrunk zu gebrauchen - war das Eierbier.
Manchem Handwerker wird eine besondere Neigung zum Getränk und auch eine besondere Trinkfestigkeit zugeschrieben. Hierzu zählt der Schuster, der früher in der Schwalm ein gesuchter und kunstfertiger Handwerker war. Er gab sich nicht nur mit Flickwerk ab, sondern war vor allen Dingen für die Anfertigung der Trachtenschuhe und der kostbaren Brautschuhe zuständig. Sie waren mit ausgestochenen Herzen und Sternen auf den Laschen verziert.
Das Eierbier als Schlaftrunk wurde genommen, bevor der Schwälmer das mächtige Himmelbett bestieg, welches mit blau-weiß-gemusterten Bettvorhängen verschlossen war, und in dem die Ehefrau auch eine „Gardinenpredigt" halten konnte, wenn der Schlaftrunk zu reichlich bemessen war.

Zutaten:

2 Eier,
2 El Zucker,
1 Messerspitze Vanillezucker,
1 Schnapsglas
Schwälmer Klarer,
1 Flasche Bier.

Zubereitung:

Eier, Zucker, Vanillezucker mit dem Schwälmer Klaren verquirlen und ein Bier dazugießen. Eierbier wurde in der Schwalm bei Krankheit zur Stärkung heiß getrunken. Man kann es aber auch kalt genießen.

Pitzküche

**Waden und Kuhfladen sind hier gut geraten,
Speck und Eier sind auch nicht teuer.**

Dies schrieb der Maler Ludwig Knaus 1849 aus Willingshausen an seine Eltern. Die Kuhfladen sind rarer geworden, aber sonst hat sich in der Schwalm wenig verändert. Wen wundert es, daß die reizvolle Landschaft der Schwalm mit ihrem selbstbewußten Bauerntum, seinen pittoresken Trachten und seiner ausgeprägten Volkskunst schon früh das Interesse der Maler gefunden hat. Mitten in der Schwalm, in Willingshausen, ist die erste deutsche Malerkolonie zu Beginn des 19. Jahrhunderts entstanden, und das war rein zufällig. Ein Balte, Gerhard von Reutern, hatte als russischer Offizier in der Völkerschlacht bei Leipzig bei einem Schuß in die Schulter den rechten Arm verloren und kam 1814 als Rekonvaleszent nach Willingshausen. Er begann mit der linken Hand zu üben und erreichte darin solche Sicherheit und Kunstfertigkeit, daß er sich ganz dem Malen und Zeichnen widmete. Besonders die Schwälmer Trachten hatten es ihm angetan, und seine frühen Bilder gehören zu den kostbarsten Darstellungen der Kleidungssitten dieses Landstriches.
Gerhard von Reutern zog viele junge Maler in die Schwalm. Sie verbrachten hier ihre Sommermonate und konterfeiten die Schwälmer Männer mit ihren markigen Gesichtern, die Frauen in ihrem bunten Festtagsstoat und in ihrem ehrwürdigen Kirchenwerk, die herzigen Kinder und die ausgelassenen Jugendlichen in der fröhlichen Spinnstube und beim temperamentvoll jauchzenden Kirchweihtanz. Mitglieder der Malerkolonie waren so klangvolle Namen wie: J. F. Dielmann, Carl Bantzer, von dem nebenstehendes Bild stammt, Hans von Volkmann, Wilhelm Thielmann, Hermann Kätelhön, Wolfgang Zeller.

Zutaten:

1 Pfund Mehl,
1 Würfel Hefe (ca. 20 g),
100–150 g Zucker,
Milch nach Bedarf,
4 Eier,
4 Äpfel,
Zucker zum Bestreuen.

Zubereitung:

Mehl und Hefe gehen lassen; mit Zucker, Milch, Eiern und ganz fein geschnittenen Äpfeln zu einem flüssigen Teig verschlagen. Im Waffeleisen Waffeln backen. Die heißen Pitzküche mit Zucker bestreuen und gleich essen!
(Rezept von Anka Becker)

Weckschnere

Bi m'r eßt, so eß m'r.
(Wie man ißt, so ißt man)

Die meiste Zeit des Jahres brachten die Schwälmer wohl auf dem Feld zu, denn fast alles lebte direkt oder indirekt von der Landwirtschaft. Die großen Höfe beschäftigten eine mehr oder minder große Zahl an „Geseng", Tagelöhner, die ihr kärgliches Tagewerk bewirtschafteten und bei den großen Bauern ihr Zubrot verdienten.

In der Erntezeit mußte man früh raus – um vier Uhr schon. Die Obermäd molk und mistete den Stall, die Vorbereitungen zum Gang aufs Feld, das oft eine gute Wegstrecke entfernt lag, wurden begonnen.

Um 7 Uhr war Frühstück: „Kaffee" aus gebrannter Gerste, Schmalz, Mus und Schmand. Eine „Gilb" wurde mit aufs Feld genommen, ein hölzernes Gefäß mit frischem Wasser und einem Stück Sauerteigbrot, damit sich das Wasser länger frisch hielt.

Um 10 Uhr: das zweite Frühstück mit Strimmel, Brot, Käse und Dickmilch. Gelegentlich gab es auch einmal die „Weckschnere", die in der Schwalm als besondere Delikatesse gilt.

Mittags war Pferdewechsel. Die Knechte brachten die Pferde zum Füttern heim in den Stall und aßen zu Hause. Für die übrigen brachte der Ellervater das Essen auf das Feld, denn der Weg zum Hof wäre zu weit gewesen, und die Zeit mußte genutzt werden.

Nach dem Mittagessen: das Garbenaufstellen, eine Arbeit für Frauen.

Bei der Ernte trugen die alten Schwälmer eine eigene Tracht. Die Zahl der Röcke war geringer, die Frauen trugen langärmelige Hemden, damit die Grannen nicht so stechen konnten. Dazu gehörte eine weiße Arbeitsschürze, ein weißes Kopftuch gegen die Sonne und weiße Gamaschen über den Strümpfen, die die stechenden Stoppeln abweisen sollten.

Zutaten:

4 altbackene Brötchen,
5 El Mehl,
2 Eier,
1 Tasse Milch,
Prise Salz,
Zucker und Zimt.

Zubereitung:

Die Brötchen in Scheiben schneiden und in Milch einweichen. Aus Mehl, Eiern, Milch und etwas Salz einen Eierkuchenteig schlagen. Die Brötchenscheiben eintauchen und in heißem Schmalz ausbacken. Die Weckschnere mit Zucker und Zimt bestreuen. Sie schmecken heiß am besten, man kann sie aber auch noch am nächsten Tag mit Saft oder Mus essen. Nimmt man statt Brötchen Brotscheiben, dann heißt dieses Gericht in der Schwalm „Brotschnere".

(Rezept von Angedreng Haber)

Geschichten über Junker Hans von der Schwalm

(Aus „Schwälmer Sagenborn" von Erika Eckardt, N. G. Elwert Verlag, Marburg).

Der hessische Landgraf Karl ging einmal in den Wäldern des Schwalmgrundes auf die Jagd. Dabei kam er von seinen Leuten ab und verirrte sich. Es wurde dunkel, und er konnte den Weg nach seinem Schloß in Ziegenhain nicht mehr finden. Da traf er zum Glück einen jungen Bauern namens Hans Hoose aus dem kleinen, aber reichen Dorfe Leimbach. Der nahm ihn mit auf seinen Hof, bewirtete ihn mit Speise und Trank und brachte ihn wieder auf den rechten Weg.

Als nun Hans bald darauf Hochzeit hielt, lud er auch den Fürsten dazu ein. Karl versprach, er wolle kommen und auch die Landgräfin mitbringen. Und er hielt redlich Wort. Am Hochzeitstag in Leimbach wurde das Feinste gegessen und getrunken, es wurde gesungen, getanzt und gesprungen. Man tanzte auch den „Schwälmer" und den „Siebensprung". Hans war überglücklich. In seinem Glück bat er sich vom Landgrafen die Ehre aus, auch einmal mit der Landgräfin tanzen zu dürfen. Nun war aber gerade ein Tanz (das „Küssefüßchem") an der Reihe, bei dem nach altem Brauch der Tänzer in Ehren seine Tänzerin küssen darf. Der Landgraf erfüllte die Bitte, aber unter der Bedingung, daß Hans für die große Ehre bis zu einem bestimmten Tage eine Metze Dukaten zahlen sollte. Hans war damit einverstanden, führte die Landgräfin zum Tanze und küßte dabei auch seine Tänzerin.

Der Landgraf wartete nun von einem Tage zum anderen auf Hans, aber der kam nicht. Erst am letzten Tage der festgesetzten Frist erschien er im Schlosse zu Kassel und holte aus der Tasche ein kleines silbernes Maß, das aber im Umfang nicht größer als ein Dukaten und mit Goldstücken gefüllt war. Das überreichte er dem Fürsten mit den Worten: „Hier bringe ich die versprochene Metze voll Dukaten. Dukatenmetzen sind freilich nicht so groß wie die, mit denen wir Bauern den Weizen messen." Der Landgraf mußte herzlich lachen über diese Bauernlist und reichte Hans die Hand.

Der Landgraf Karl und der Bauer Hans Hoose blieben immer gute Freunde. Zuletzt machte der Fürst seinen bäuerlichen Freund sogar zu einem adligen Herrn und nannte ihn „Junker Hans".

Von seinen vierzehn Kindern überlebten ihn nur zwei Töchter. Auch Landgraf Karl, der bereits 1730 starb, war Vater von vierzehn Kindern gewesen und hatte ebenfalls zwölf von ihnen vor seinem Tod verloren. Das Gut, das Hans Hoose besaß, heißt noch heute in der ganzen Umgegend „Junker Hansens Hof".

VI Uriges aus dem Werraland

Der Werra-Meißner-Kreis liegt im Nordosten des Landes Hessen und damit in der Mitte Deutschlands zwischen Nord und Süd. Dieser Kreis ist zu über 40% bewaldet. Drei Viertel des Kreisgebietes stehen unter Landschaftsschutz, wovon ein gutes Drittel auf den Naturpark „Meißner-Kaufunger Wald“ entfällt. Als ein Teil des deutschen Mittelgebirges ziehen sich seine Waldberge an den Ufern der Werra von Blickershausen über Witzenhausen, Bad Sooden-Allendorf, Eschwege bis Wanfried und Herleshausen hin. Im Herzen des Werra-Meißner-Kreises liegt der Hohe Meißner – mit 754 m die höchste Erhebung. Dort soll die Grimmsche Märchenfigur Frau Holle ihre Betten ausgeschüttelt haben.

Gut 115.000 Einwohner leben im Kreisgebiet. Es gibt 6 anerkannte Luftkurorte, 10 Erholungsorte, das große Kur- und Heilbad Bad Sooden-Allendorf und Deutschlands kleinsten Kneipp- und Luftkurort Ziegenhagen.

Der Werra-Meißner-Kreis entstand am 1. Juni 1979 durch den Zusammenschluß der ehemals selbständigen Landkreise Eschwege und Witzenhausen.

Land und Leute im Werraland

Von dieser kulinarischen Landschaft ist allgemein wenig bekannt. Zahlreiche Burgen, Schlösser und Ruinen geben Zeugnis einer großen historischen Vergangenheit. Schmucke Städte und Dörfer mit reichem mittelalterlichen Fachwerk und barocken Bürgerbauten künden von ausgeprägter Bürgerkultur. Dieser Raum beiderseits des Hohen Meißners und entlang der Werra ist eine alte Kulturlandschaft. Seine Besiedlung reicht, wie Ausgrabungs- und Forschungsergebnisse zeigen, bis in die vorgeschichtliche Zeit zurück. Zahlreiche Völkerstämme unterschiedlicher Kulturstufen haben in der Frühgeschichte den hessischen Raum berührt und ihre Geräte aus Stein und Metall, Keramiken, Ringwälle und Fluchtburgen als stumme Zeugen hinterlassen.

Große und kleine Feudalherren, Klöster und Bistümer bestimmten im Mittelalter die Geschicke des Landes, seiner Bewohner und seiner Wirtschaft, bis der größere Teil dann in die Landgrafschaft und das spätere Kurfürstentum Hessen-Kassel überging. Durch ein kurfürstliches Organisationsedikt von 1821 wurden die Kreise Eschwege und der Kreis Witzenhausen geschaffen. 1866 ging die Region mit dem gesamten Kurfürstentum Hessen-Kassel an Preußen über. Als dann 1945 die Grenzen zwischen der amerikanischen und sowjetischen Besatzungszone festgelegt wurden, gliederte man vier Gemeinden des Kreises Witzenhausen in den thüringischen Kreis Worbis ein. Dafür erhielt Witzenhausen zwei Orte aus dem Kreis Worbis.

Was macht aber die Küche dieser Region aus? Der Fremde wird hier ratlos sein; „Kasseler" könnte ihm einfallen. Das wird zwar in der ganzen Region geschätzt und gegessen, doch stammt dieses Gericht nicht aus der Stadt in Nordhessen, sondern aus Berlin, wo es ein Metzgermeister namens „Kassel" kreierte. Kommt man aber mit den Einheimischen zusammen, dann schwärmen diese von ihren Nationalgerichten „Ahle Wurst" und „Weckewerk", und so manches andere wird er erfahren und bald zu schätzen wissen, wie Michaele Scherenberg und Karl-Heinz Stier, die diese Gegend mit einem DKW-Motorrad von 1937 bereist haben.

Storzenieren

Ein schlechter Esser ist ein schlechter Schaffer

„Storzenieren" sind beileibe kein Fleischgericht, sondern schlichte Schwarzwurzeln, gedünstet mit gewürzten Hackklößchen in Buttersoße. Der Name leitet sich also von der Schwarzwurzel ab – die man gerne als Spargel des Winters bezeichnet. Sie trägt den lateinischen Namen „Scorzonera hispanica", und daraus wurde in der Umgangssprache ganz einfach „Storzenieren". Die Schwarzwurzeln gelten als sehr magenfreundlich und sind auch für Diabetiker sehr zu empfehlen.

Überhaupt haben die tüchtigen Hausfrauen aus dem Werraland Gemüse und Feldfrüchte in ihrer Küche so kultiviert, daß ihre Gerichte über die Grenzen hinaus bekannt geworden sind. So zum Beispiel den „Spanisch Lauch", wie man den Porree an der Werra nennt. Er ist weit mehr als simples Suppengemüse. Die halbfingerlangen Stücke werden entweder gekocht – in Witzenhausen gibt man gerne Rosinen bei – oder in einer weißen Soße vorsichtig gegart. Die Einheimischen haben eine große Vorliebe, die deftigen Speisen mit Süßem zu verfeinern. Dies teilen sie mit den benachbarten Thüringern, mit denen seit Jahrhunderten ein starker wirtschaftlicher und kultureller Austausch bestand.

Viele überlieferte Küchengeheimnisse stammen von den Landfrauen. So haben uns die Archfelder Frauen das Rezept der Storzenieren verraten. Archfeld ist eine typische Ringgaugemeinde, die früher eine eigene Gerichtsbarkeit besaß. An die der Herren Treusch von Buttlar erinnert auch noch das Halseisen an einer der Linden. Es ist mit dem Stamm im Laufe der Jahrhunderte verwachsen.

Zutaten:

1 kg Schwarzwurzeln,
60 g Fett,
60 g Mehl,
3/4 l Schwarzwurzelbrühe,
2 Eier,
1/2 Pfund Hackfleisch,
1 Brötchen,
Salz, Pfeffer.

Zubereitung:

Die Schwarzwurzeln waschen, putzen und in mit Mehl und Essig gemischtes Wasser legen, damit sie nicht braun werden. Dann werden sie in 3 bis 4 cm lange Stücke geschnitten und 20 Minuten in Essigwasser weichgekocht.

Für die helle Soße Fett erhitzen, Mehl dazugeben und mit Schwarzwurzelbrühe ablöschen. Die Soße mit einem Ei legieren. Aus Hackfleisch, Brötchen, einem Ei und den Gewürzen einen Teig kneten, daraus Klößchen formen und in Salzwasser garziehen lassen.

In die Soße nun vorsichtig die gekochten Schwarzwurzeln und die Hackfleischklößchen geben.

(Rezept von Irmgard Weiland)

Krauthäubchen

**Kraut und Rüben haben mich vertrieben
hätt' die Meistrin Fleisch gekocht, wär' ich geblieben**

An alte Zeiten erinnern auch die sog. Feierabendziegel im privaten Museum von Karl Schmidt in Hessisch-Lichtenau/Velmeden. Sie geben einen Hinweis auf die reichen Tonvorkommen des Werragebietes, die nicht nur für die örtlichen Töpfer wichtig waren, sondern auch für die vielen Ziegler, die Dachziegel und Backsteine herstellten. In ihren Mußestunde haben die Ziegler gerne in den noch weichen Ton allerlei Muster, Figuren und Sprüche eingeritzt, meist aus „Spaß an der Freud'". Auf manchen Ziegeln wollte man durch religiöse Sprüche und Motive den Schutz des Höchsten für das Haus erbitten. Die Feierabendziegel wurden als letzte nach einem arbeitsreichen Tageslauf hergestellt und gerne mit dem Namen des Zieglers versehen. Feierabendziegel nennt man aber auch die, die als letzte auf das Dach gesetz wurden. Oftmals tragen sie den Namen des Hausherrn und die Jahreszahl der Erbauung des Hauses oder der Neueindeckung des Daches. Da man früher die Dächer nicht völlig neu deckte, sondern sorgfältig umdeckte, haben sich viele Ziegel aus der Zeit vor dem 30jährigen Krieg erhalten.

Phantasiereich wie die Muster auf den alten Dachziegeln sind auch die Rezepte. Die mit Kraut und Hackfleisch hergestellten Krauthäubchen, die in einer Gugelhupfform als Auflauf gestaltet siind, gehören zu den besten Kreationen der einheimischen Hausfrauen.

Zutaten:

1 kg Weißkraut,
1 kg Gehacktes,
Pfeffer, Salz, etwas Muskat,
2 Eier, 1 dicke Zwiebel,
Semmelmehl.

Zubereitung:

Weißkraut kleinschneiden (in mittelgroße Stücke), in kochendes Wasser geben, 10 Minuten kochen, herausnehmen und abtropfen lassen.
Inzwischen das Gehackte mit Eiern, fein gewürfelter Zwiebel und Semmelmehl mischen und würzen.
Eine große Krautform (mit Deckel) mit Butter ausschmieren und abwechselnd mit Kraut und Gehacktem füllen, dabei mit einer Lage Kraut beginnen.
Die Form gut schließen und im Wasserbad eine Stunde kochen lassen.

(Rezept von Liesel Schmidt)

Losekuchen

Kachelkuchenkrume
Iesenkuchenringe onn Huut von dr Gans: das schmäcket onsem Hans

In den meisten Dörfern im Werraland gibt es noch Gemeindebackhäuser, in denen die einzelnen Familien des Ortes Brot und Kuchen backen. Damit bei der Benutzung des Ofens eine rechte Ordnung herrschte und Streitigkeiten vermieden wurden, schrieben die Familien früher ihre Namen an ein schwarzes Brett im Hausflur der Bürgermeisterei oder im Backhaus. Die Reihenfolge der Namen gab an, um welche Stunde der Ofen benutzt werden konnte, denn das Anfeuern zu Beginn war keine leichte Sache und wurde nur ungern übernommen. In einigen Dörfern bestimmte das Los die Reihenfolge, und dazu benutzte man als Lose Stäbchen mit eingeschnittenen Kimmen.

Der Losekuchen, der am besten schmeckt, wenn er im Backhaus mit Holzfeuerung gebacken wurde, ist ein echter Kirmeskuchen. Kirmes wurde meist nach der eingebrachten Ernte gefeiert; deshalb ist sie ein echtes Erntefest. Zur Kirmes gehörte auch der Tanz auf dem Anger. Solch zünftige Kirmestänze gab es in der ganzen Gegend bis zu Beginn der sechziger Jahre. Die „Platzknechte", wie die Kirmesburschen hießen, organisierten die Feier, schmückten den Anger mit frischem Grün und Girlanden und errichteten ein Podest für die Musikanten. Nach fröhlichem Treiben wurde am Kirmesdienstag die Kirmes „beerdigt", indem man eine leere Schnapsflasche eingrub, während die Kapelle schwermütige Trauermusik spielte.

Zutaten:

2 Pfund Brotteig (Sauerteig),
½ l Milch,
3 El Mehl,
2 Pfund mürbe Äpfel,
750 g Schmand,
1 Ei, etwas Zimt,
ein wenig Sahne.

Zubereitung:

Brotteig auswellen und mit der Gabel einstechen, damit keine Blasen entstehen. Milch aufkochen und mit Mehl und etwas Wasser zu einem Mehlbrei rühren. Den Teig mit dem Mehlbrei bedecken. Obenauf kommen nun die geschälten, in Bröckchen geschnittenen und über Nacht eingezuckerten Äpfel.

Schmand mit Zimt, einem ganzen Ei und etwas Sahne mischen und den Losekuchen damit abdecken. Bei 300° etwa ½ Stunde lang backen.

(Rezept von Elisabeth Franzek)

Kirschcocktail

**Wann Kermesse ess, dann schlacht min Voder en Bock
dann danzt mine Modder, dann zesselt se met em Rock**

Hätte einstmals Hessens berühmter Sohn Johann Wolfgang von Goethe Witzenhausen besucht, dann hätte er bestimmt festgestellt: „Witzenhausen steckt voller Merkwürdigkeiten" - ein Prädikat, welches er für seine Heimatstadt Frankfurt parat hatte.
Seit 1898 bestand in Witzenhausen die Deutsche Kolonialschule, die abgelöst wurde durch das Institut für Internationale Agrarwirtschaft, an dem nicht nur deutsche Entwicklungshelfer, sondern auch Studenten aus der Dritten Welt für eine landwirtschaftlich-fachliche Tätigkeit ausgebildet werden. Die Ausbildungsstätte befindet sich in einer mittelalterlichen Klosteranlage, die ihre eigene anziehende Atmosphäre hat.
Durch diese Institutionen kam Witzenhausen nicht nur zu Beziehungen mit aller Welt, sondern auch zu einem Völkerkundemuseum und einem Tropengewächshaus. Im Völkerkundemuseum sind Exponate aus den ehemaligen deutschen Kolonien - also aus Afrika und Ozeanien - zu sehen; sie werden aber laufend durch weitere Stücke aus anderen Gegenden der Dritten Welt ergänzt.
Das „Gewächshaus für tropische Nutzpflanzen" zeigt alle exotischen Gewächse, Früchte und Nutzpflanzen wie: Ananas, Cayenne, Baumwolle, Erdnuß, Arabica-Kaffee, Reis, Zuckerrohr und verschiedene Palmenarten.
Früher wurde in Witzenhausen viel Weinbau betrieben, der im 18. Jahrhundert aber durch den Obstbau abgelöst wurde. Seitdem hat sich Witzenhausen zu einem Zentrum für den Anbau von Kirschen entwickelt. Ende April, Anfang Mai, zur Zeit der Kirschblüte, überziehen die rund 200.000 Kirschbäume das Land mit einem duftenden weißen Teppich. Und ist die Erntezeit da, reizen nicht nur die „Kesper", wie man hierzulande die Kirschen nennt, dann reizt vor allen Dingen die Kesperkirmes. Zu den Höhepunkten dieser Kirmes gehört die Wahl der Kirschenkönigin, die dann für ein Jahr das Kirschenanbaugebiet um Witzenhausen repräsentiert.

Zutaten:

1 Teil Gin,
2 Teile Orangensaft,
3 Teile Kirschlikör,
Eiswürfel.

Zubereitung:

Zutaten mit den zerstoßenen Eiswürfeln in einen Shaker geben und gut mischen.
In einer ausgehöhlten frischen Ananas servieren.

(Rezept von Annette Schneider, Kirschenkönigin)

Spanisch Fricco

Ehe man sich bindet, sollte man erst einmal eine Metze Salz zusammen essen

Das Gericht mit dem eigenartigen Namen „Spanisch Fricco" gilt als Originalgericht in Bad Sooden-Allendorf: eine scharf gewürzte Fleisch-Kartoffel-Speise, die besonders zum Frühschoppen des Erntedank- und Heimatfestes Ende August/Anfang September gegessen wird.
Nach der Überlieferung soll das Gericht von den Allendorfern kultiviert worden sein. Sie erheben noch heute Anspruch auf die Urheberrechte und behaupten, die Soodener hätten sich das Rezept nur „unter den Nagel gerissen". Diesen kam die besondere Art des Frikassees wohl spanisch vor, woraus vielleicht die Bezeichnung „Spanisch Fricco" entstanden ist. Die Allendorfer, so spotteten die sich etwas städtischer fühlenden Soodener, hingen nur deshalb so sehr an diesem Gericht, weil ihnen der Umgang mit Messer und Gabel noch immer schwerfiele.
Bad Sooden-Allendorf verfügt zudem über einen besonderen Schatz, der in den vergangenen Jahrhunderten für Wohlstand und Bürgerstolz sorgte: das „Weiße Gold", Salz aus der Solequelle, auch Salzquelle genannt. Der römische Geschichtsschreiber Tacitus wußte schon vom Salz in dieser Region und berichtet von dem Kampf zwischen Chatten und Hermunduren, den Vorgängern der Hessen und Thüringer, im Jahre 58 nach unserer Zeitrechnung. Kaiser Karl der Große hat dann um das Jahr 776 dem Ort Westera mit seinen Salzquellen das Recht auf einen Markt und Zoll verliehen. Der Pfarrherr und Salzgrebe M. Johann Rhenanus begann 1568 auf Anweisung des Landgrafen von Hessen damit, alles Wissenswerte über das Salzwerk in Büchern festzuhalten. Er nannte sein über 2.000 Seiten umfassendes Hauptwerk „Neues Salzbuch" oder „Salzbibel".
Zu dieser Zeit wurden jährlich annähernd 200.000 Zentner Salz gesiedet und durch Fuhrleute (Sälzer genannt) oder Salzschiffer, von denen zeitweise 350 ihrem Gewerbe nachgingen, bis Frankfurt, Darmstadt, Straßburg, Bremen und ins Thüringische, verbracht.

Zutaten:

2 Pfund Rind,
2 Pfund Schwein,
4–5 Pfund Kartoffeln,
1 Pfund Zwiebeln,
1/4 Pfund Butter,
Salz, Pfeffer, Paprika zum Würzen des Fleisches.

Zubereitung:

Eine Form fürs Wasserbad ausbuttern und schichtweise Kartoffelscheiben, gewürzte Fleischwürfel und Zwiebelscheiben einfüllen; eßlöffelweise Schmand zugeben. Dann 2½–3 Stunden im heißen Wasserbad garen.

(Rezept von Heidemarie Bohn und Hildegard Kinzel)

Diebchen

Beiderwandsliebchen, Beiderwandsrock, Motter kocht Diebchen, annerthalb Schock

„Kartoffelzeit – Diebchenzeit", so schwärmen die älteren Bewohner der Werragegend und denken an ihre Jugend zurück, in der sie als Kinder bei der Kartoffel- und Rübenernte schon kräftig mitarbeiten mußten. Nach dem Schulbesuch – der meistens bis zum frühen Nachmittag dauerte – wurden den Kindern feste Tätigkeiten zugewiesen: Kaffee aufs Feld bringen und bis zum Feierabend dort mithelfen. Wenn am Tage fleißig Kartoffeln ausgemacht wurden und die Wagen voll mit Säcken beladen vor den Häusern standen, hat man sie abends abgeladen und über „Kartoffelrollen" in den Keller verbracht. Die Kinder mußten herunterfallende Kartoffeln auflesen. Am Abend zogen sie mit Laternen singend durchs Dorf, während zu Hause die Diebchen zubereitet wurden.

Es sind kleine länglich geformte Klöße, in deren Mitte Würfel allerbester roter Wurst versteckt sind. Die Einheimischen essen sie gerne zu Heidelbeeren oder Zwetschgen. Dazu trinkt man auch gerne Brombeerwein oder -likör.

Brombeermänner werden die Einwohner von Wanfried genannt. Es war im August 1608, als der hessische Landgraf Moritz, den man den Gelehrten nannte, sich wieder einmal in seinem Lieblingsschloß in Eschwege aufhielt. Wie so oft benutzten die Bewohner von Wanfried die Gelegenheit, eine Abordnung zu ihm zu schicken, um die bislang vorenthaltenen Stadtrechte einzufordern. Der Landgraf erteilte die begehrten Stadtrechte unter einer Bedingung: Die Wanfrieder sollten alljährlich zur Brombeerzeit jeden Morgen zwei Tragkörbe voll frischer Brombeeren in die landgräfliche Behausung bringen. Die Wanfrieder waren zufrieden, und immer, wenn sie mit ihren gefüllten Kötzen – wie man die Rückentragekörbe nennt – am Schloßtor ankamen, riefen die Wachsoldaten: „Seht, die Brombeermänner kommen!"

Zutaten:

1–1¼ kg Pellkartoffeln,
2 Eier,
125 g Mehl, etwas Muskat,
„Ahle Wurst", Weißbrot.

Zubereitung:

Geschälte Pellkartoffeln heiß durchpressen und abkühlen lassen. Mit Eiern, Mehl und Muskat einen Kartoffelteig kneten. Wurstbröckchen ausbraten und in diesem Fett die Brotwürfel rösten.

In den länglichen Kartoffelkloß etwas Wurst und Semmeln füllen. Die Diebchen in siedendem Wasser 20 Minuten garziehen lassen. Dazu kann man ausgelassenen Speck und gebratene Zwiebeln geben.

(Rezept von Marianne Hossbach)

Ahle Wurst

Wie der Mann, so die Wurst

Wenn es so etwas wie eine „Nationalspeise" im Werraland gibt, dann ist es die „Ahle Wurst" und das „Weckewerk".

Beide Lieblinge der niederhessischen Lebensart sind mit dem Hausschlachten verbunden. In früheren Zeiten spielte die Hausschlachtung freilich eine weit größere Rolle als heute.

Für die ahle Wurst nimmt der Metzger das beste Gehackte und das Schweinehirn. Die Fülle würzt er mit einigen in Rum getränkten Knoblauchzehen und gibt der Farbe wegen noch zwei Eßlöffel Zucker hinzu. Das Füllsel wird fest in eigens aus Flomenhaut genähte Därme gestopft. Gut vier Wochen trocknet die Wurst erst einmal an der Luft, ehe sie über Buchenspänen und Wacholderbeeren geräuchert wird. Dann sollte man sie ein halbes Jahr nicht anrühren.

Das häusliche Schlachten bedeutete in früheren Jahren vielerorts eine erlebnisreiche Unterbrechung im täglichen Einerlei. Der Schlachttag entwickelte sich zum „Schlachtfest". So wird um die Jahrhundertwende ein zünftiges Schlachtfest wie folgt geschildert: „Die Bauern laden Verwandte und Bekannte zum ‚Schlachtekohl' ein. Die geladenen Männer kommen schon am Tage und helfen das Wurstfleisch auf dem buchenen Hackklotz zu zerteilen. Gegen Abend erscheinen dann auch die übrigen Geladenen, selbst Kinder. Zuerst gibt es Reis- oder Nudelsuppe, dann Rindfleisch mit Meerrettich und Kartoffeln, vor welchem Gang auch hier und da noch eine Rosinensuppe mit Fleischklößen gegeben wird. Darauf folgt Schweinefleisch mit Sauerkraut und Kartoffeln. Schließlich wird auch noch von der Bratwurst versucht, und danach gibt es als Nachtisch eingemachtes Obst. An manchen Orten folgt nach dem Sauerkraut die sog. ‚Saurebrühe', eine süß-säuerlich schmeckende Suppe mit viel Zwiebeln und Rosinen. Die gereichte Bratwurst wird vielfach von den Gästen in ein Papier gewickelt und als ‚Quittung' mit nach Hause genommen. Beim Sauerkraut darf natürlich das Schnäpschen nicht fehlen, und es heißt: ‚Sauren Kohl on kenn?'. Denn man huldigt hier dem Grundsatz: ‚Ein gutes Schnäpschen verderbet nischt.' Gegen 10 Uhr abends wird Kaffee getrunken. Am nächsten Morgen

Weckewerk

Ruft im Frühjahr zum ersten Male der Kuckuck, so heißt es: „Der Speck ist riffe", d.h. er darf gegessen werden

versammeln sich die geladenen Männer in der Regel noch einmal zu einem kräftigen Frühstück, bei welcher Gelegenheit dann möglichst alle Wurstsorten versucht werden, und die Kinder der Nachbarn und Verwandten kommen, um sich die ‚Vetter'- oder ‚Kinderwurst' zu holen. Abends erscheinen vermummte Mädchen und Burschen, die Mädchen in Hosen, die Burschen in Röcken, und erbetteln eine Wurst zu einem gemeinsamen Essen. Mancherorts werfen die Burschen auch Töpfe, wofür sie Weckewurst erhalten."

Das Weckewerk ist also das letzte Erzeugnis des kurhessischen Schlachttages. Rasch gebraten, essen es die Einheimischen am liebsten zu Brot oder Pellkartoffeln.
Ein anderes Schlachtessen ist „Schippeln und Garwurst", eine Spezialität, die besonders im Raum von Großalmerode bekannt ist. Dieses Gericht besteht aus halbierten rohen Kartoffeln, die kräftig gesalzen auf der Herdplatte bzw. auf Kuchenblechen geröstet werden. Hierzu wird Blut- und Garwurst gegessen. Senf und saure Gurken runden das „Menu" ab. Früher als „Armeleute-Essen" verpönt, ist es heute wieder sehr beliebt und gehört zu den Attraktionen der örtlichen Verkehrsvereine.

Zutaten:

2 Pfund Schweineschwarte,
2 Pfund Schweinehack,
2 Zwiebeln, 1 Brötchen,
Fleischbrühe,
Pfeffer, Salz, Piment,
Koriander, Kümmel,
Majoran, Semmelbrösel, Ei.

Zubereitung:

Die kleingehackte Schwarte mit dem gewürzten Hack, den geschnittenen Zwiebeln und einem in heiße Fleischbrühe eingeweichten Brötchen vermischen.
Die Masse erkalten lassen.
Wenn sie geliert ist, das Weckewerk in kleine Portionen (wie Frikadellen) zerteilen, mit Ei und Semmelbrösel panieren und in ganz wenig Flomenfett ausbraten.
Dazu gebratene Zwiebeln und Brot oder Pellkartoffeln.
(Rezept von
Werner Klopfleisch)

Duckefett

Wenn der Bettler nichts haben soll, verliert er das Brot aus der Klötze

Das Werraland ist auch Grenzland. Dies kommt schon in einem Vermerk im Fuldaer Codex des 12. Jahrhunderts zum Ausdruck. Der Mönch Eberhard legte klösterliche Besitztumsgrenzen fest. Sie decken sich heute mit Linien, die zwei Welten und Weltanschauungen scheiden. Zwar wurde das Land schon früher von den Feudalherren hin und hergeschoben, doch gab es einen regen kulturellen und wirtschaftlichen Austausch über die Grenzen hinweg. Dieser Austausch beeinflußte auch den Eßtisch der Einheimischen.

So bedeutete es den Menschen wenig, daß seit der Einverleibung Kurhessens durch Preußen 1866 die alten eigenwillig gewundenen Grenzen über Berg und Tal, auch durchschnitten von der Werra, festgeschrieben wurden. Erst die nahezu unüberwindliche Grenze von 1945 schnitt den Menschen des Werragebietes von Freunden, Verwandten, Arbeitsstellen und ihren Einnahmequellen ab. Die Sprache der Älteren blieb als Bindeglied erhalten: ein an das Thüringische angelehnte Sprachverhalten: „Bos es'n eichentlech dr Ongerschied zweschen en Trettewar on en Bullewar?" – „Off dn Trettewar do trett me – on bei dän annern ben ech met mie Franzeesesch am Äng!"

Nirgendwo in Hessen sind die Dörfer mehr gepflegt, das Fachwerk reinlich gestrichen und die Gastlichkeit so kultiviert. Nicht von ungefähr kommt es, daß die Dörfer im Grenzgebiet zur DDR bei den Wettbewerben „Unser Dorf soll schöner werden" so günstig abschneiden.

Allen voran steht Wanfried-Altenburschla, nach dem Zweiten Weltkrieg mit dem Spottnamen „Schlamperode" bedacht. Der Ort wurde 1959 Landessieger und 1961 gar Bundessieger.

Zutaten:

Speck,
Zwiebeln,
Schmand,
Salz.

Zubereitung:

Speck auslassen und Zwiebeln darin goldgelb ausbraten. Dann den fest geschlagenen Schmand zugeben und aufwallen lassen. Zum Schluß mit Salz abschmecken.

Zum Duckefett ißt man süßsauer eingelegte Kürbisse und Pellkartoffeln, die man einfach mit der Gabel in die schmackhafte Masse tunkt.

(Rezept von Lieselotte Isecke)

Bergforelle

Ungeladene Gäste stellt man hinter die Tür

Von den basaltenen Felsen der Rhön und des Meißners springen Dutzende kurzläufiger Flüßchen zu Tal. In ihren glasklaren Wassern setzen die rotgepunkteten Bachforellen ihr zartweißes Fleisch an – eine köstliche Spezialität!

Die ausgedehnten Wälder und der Sand in den Flußniederungen schafften in früheren Jahrhunderten ideale Voraussetzungen für die Herstellung von Waldglas. Es ist in der Gegend von Großalmerode seit dem Ende des 14. Jahrhunderts nachweisbar. Dort bestand seit 1537 sogar ein eigenes Gläsnergericht. Danach wurde Großalmerode gar Sitz des Gläsnerbundes und die Gläsner kamen alljährlich auf Pfingstmontag in die Stadt. Die heimischen Erzeugnisse der Waldgläsnerei beherrschten lange Zeit den norddeutschen Markt. 1596 war die Blütezeit vorbei. Auch die anderen Glashütten im Kaufunger Wald stellten ihre Betriebe ein. In diese Zeit fällt aber auch der Beginn der Tiegelherstellung. Und mancher arbeitslos gewordene Gläsner fand sein Auskommen in dem neuen Tongewerbe, in der Tiegel- und Ziegelmacherei, in der Herstellung von „Knickern“ (Murmeln) und Gebrauchsgeschirr.

Zutaten:

250 g Forelle,
Zitrone, wenig Thymian,
2 Blätter Salbei,
1 Blättchen Liebstöckel,
etwas Dill und Petersilie,
2 kleine Möhren,
½ Stange Porree,
etwas Sellerie,
½ kleine Zwiebel.

Zubereitung:

Forelle gut abspülen, trockentupfen und mit Zitrone beträufeln.

Das Gemüse in sehr feine Scheiben schneiden.

Die Forelle leicht von innen und außen salzen und pfeffern, wenig Gemüsefüllung in das Innere geben, zusammen mit dem Gewürzsträußchen.

Butterflöckchen auf und in die Forelle setzen.

Forelle in eine gußeiserne Kasserolle geben. Rundherum gibt man den Rest des Gemüses.

Nicht ganz abgedeckt in den heißen Ofen schieben und ca. 7 bis 10 Minuten bei starker Hitze braten.

Fisch herausziehen.

Haut von Kopf bis Schwanz vorsichtig ablösen, kleinschneiden und mit etwas gehackter Petersilie in guter Butter aufschäumen lassen, bis die Haut kroß ist.

Diese Soße beim Servieren über den Fisch geben.

Dazu reicht man Kartoffeln, Blattsalat und Schmand.

(Rezept von
Werner Klopfleisch)

Die Wichtelmännchen und Schuster Jobst in Eschwege

(Aus dem Schul-Lesebuch „Reife Ernte“ von 1930)

In Eschwege haben die Wichtel einmal dem armen Schuster Jobst aus der Not geholfen. Der Schuster Jobst hatte keine Arbeit und verdiente nichts, und er und seine Familie mußten hungern. Eines Abends saß er wie sonst betrübt in seiner Werkstatt. Seine Frau und die Kinder waren schon hungrig eingeschlafen. Jobst sah im Mondenschein ihre bleichen Gesichter und seufzte: „Ach, könnte ich euch doch Brot schaffen!“ Er betete zu dem reichen Gott im Himmel und legte sich dann ebenfalls auf sein hartes Strohlager nieder. Aber vor Sorgen und Gedanken konnte er nicht einschlafen.

Gegen Mitternacht war es ihm, als hörte er leise Tritte in seinem Häuschen. Es trippelte und trappelte, und siehe, eine Gesellschaft von Wichtelmännchen zog in seine Stube. Sie machten sich frisch an das Leder. Der eine schnitt zu, der andere nähte, die Arbeit flog unter ihren Händen. In kurzer Zeit war alles Leder verarbeitet, und wunderschöne Schuhe standen auf dem Werkbrette. Jetzt konnte Jobst vor Freude nicht mehr einschlafen. Endlich kam der Morgen, und als es lebendig auf den Gassen wurde, blieben die Leute vor den schönen Schuhen stehen. Jeder kaufte, jeder bestellte neue Schuhe. Jobst kaufte Leder, und als Mitternacht kam, stellten sich die Wichtelmännchen wieder ein und arbeiteten wieder emsig darauflos, und als es Tag wurde, stand das Werkbrett wieder voll schöner neuer Schuhe. So ging es eine Zeitlang fort, und bald wurde Jobst berühmt. Jedermann wollte bei ihm kaufen, und Freude und Wohlstand kehrten in sein Haus ein.

Da wollte der dankbare Jobst auch seinen Wohltätern eine Freude machen. Er zählte die Wichtelmännchen, ließ schöne Kleider für sie bereiten und legte sie der Reihe nach hin. Wie freuten sich da die Wichtelmännchen! Sie schmückten sich gleich mit den Kleidern. Aber nun wurden sie auch stolz und wollten keine Schuhe mehr machen. Denn sie sprachen unter sich: „Bin ich ein solcher Knapp und sollte Schuhe lapp?“ Und zur Stunde verschwanden sie aus Jobsts Hause, ohne je wiederzukommen.

VII Würziges aus dem Westerwald

Der Westerwald gehört zum Rheinischen Schiefergebirge und wird von den Flüssen Lahn, Rhein, Sieg und Dill begrenzt. Nur in seinem kleineren östlichen Teil liegt er in Hessen und umfaßt den Landkreis Limburg-Weilburg fast ganz und den Lahn-Dill-Kreis in seinem westlichen Teil.
Der ehemalige Oberwesterwaldkreis und der Unterwesterwaldkreis – bis 1945 zum Regierungsbezirk Wiesbaden eingegliedert – wurden dem neuen Bundesland Rheinland-Pfalz zugeschlagen und später zum Westerwaldkreis zusammengefaßt.
Der Untere oder Vordere Westerwald ist sehr waldreich mit einer Hochfläche von ca. 350 m Höhenlage, der Hohe Westerwald (über 500 m) dagegen fast kahl. Die Viehzucht verdrängte bereits im 19. Jahrhundert die kärgliche Landwirtschaft. Daneben wurden Eisen, Basalt und Braunkohle abgebaut, besonders an Sieg und Dill entwickelte sich eine für das gesamte Wirtschaftsgebiet wichtige Eisenindustrie. Die reichen Tonvorkommen begünstigten außerdem eine keramische Industrie. Sie ist besonders im „Kannebäckerland“ noch durch viele Gewerbebetriebe vertreten.

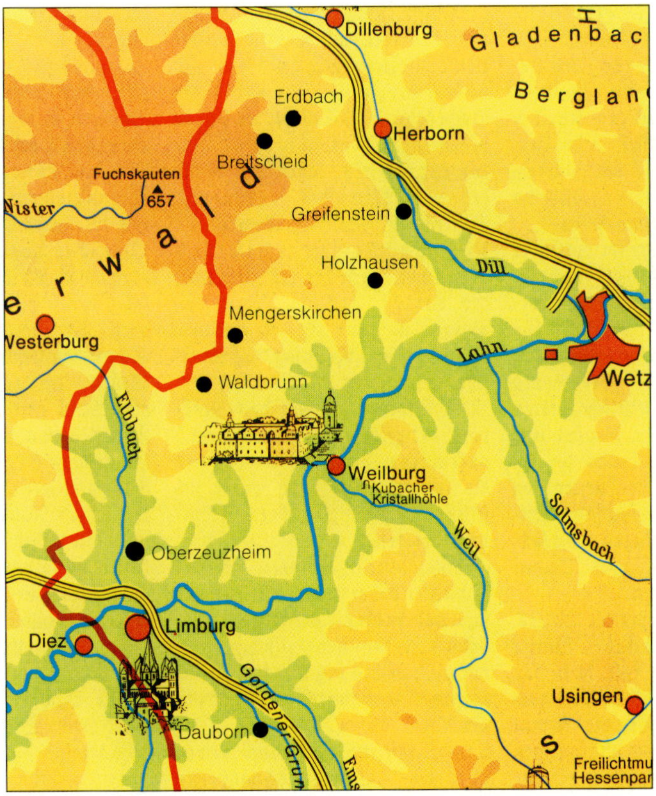

Land und Leute im Westerwald

Bis zum Jahre 1945 gehörte der Westerwald in seiner Gesamtheit zu Hessen-Nassau, einer 1867 gebildeten preußischen Provinz. Sie setzte sich aus dem ehemaligen Kurfürstentum Hessen-Kassel, dem Herzogtum Nassau, der freien Reichstadt Frankfurt und anderen kleineren Gebieten zusammen.

Der Westerwald hatte im Laufe der Jahrhunderte sehr viele Landesherren, die dem Gebiet mehr oder weniger Interesse schenkten. So teilten sich die Kurfürsten von Trier und Köln mit dem bedeutenden Stift Limburg als geistliche Herren das Land mit vielen Grafen und Standesherren, zu denen im 18. Jahrhundert auch die Fürsten von Nassau-Oranien, Nassau-Weilburg, Nassau-Usingen, Wied, Sayn-Wittgenstein und Sayn-Hachenburg gehörten.

Das unwirtliche Klima des Westerwaldes („Dreivierteljahr Winter und ein Vierteljahr kalt, so ist das Wetter im Westerwald"), die bizarren Besitzverhältnisse, die Armut der Bewohner und die ungünstigen Verkehrsverhältnisse haben die Region nicht zum bevorzugten Wohngebiet werden lassen. Nur wenige kleine Ansiedlungen gründeten sich in dem kargen Gebirge und in der Hochebene. Die Städte, die sich zu bedeutenden Zentren urbaner Kultur entwickelten, lagen am Rand des Westerwaldes (Limburg, Dillenburg, Herborn, Siegen).

Und das alles prägte auch die Menschen, von denen der erste Chronist des Landes, Johann Textor von Haiger, in seiner 1617 in Herborn erschienenen „Nassauer Chronik" schreibt:

„Die Eynwohner und das Landvolck betreffend / ist es einfältig / aufrichtig und getreu / so wol gegen die fremde / als auch under sich selbsten / bevorn aber ihre angeborne Obrigkeit ...

Sonsten aber ist es harter / starcker / gesetzter leiber und glider / arbeitsam und fleissig / feyret weder daheim noch draussen / aller arbeit / wie auch beides hitz und frost zu ertragen / von jugend auff gewohnet."

Textor schreibt aber auch etwas über die Nahrungsgewohnheiten der Westerwälder, von der einfachen, aber auch vielfältigen Zusammenstellung von Speisen:

„Die Hausspeisen / so wol bey den Bürgern in den Stätten / als den Bau: und Dorfleuten auf dem Lande / seind entweder von rein: oder aber mit Gersten / Hafern / Bohnen etc. gemengtem Korn gebacke Brot: Bey maalzeiten / und sonsten auch wol Weck od' Weitzenbrot: frisch Kalb: Hämmel: Schaf: Rind: oder aber gereuchert Rind: und Schweinenfleisch: Suppen oder Brühe / etwa auch von Wein / Bier oder Milch gemacht."

Vieles davon kehrt in der Landschaftsküche des Westerwaldes auch heute noch wieder. Anderes wurde in den letzten Jahrzehnten kultiviert, und die erfindungsreichen Hausfrauen und Köche in den Gaststätten und Restaurants setzten immer wieder neue Nuancen hinzu: „Un sou, laßt's Euch gout schmäcke!" Und wie gut die Westerwälder Gerichte sind, haben Michaele Scherenberg und Karl-Heinz Stier bei ihrer Rundreise getestet – diesmal hoch zu Roß.

Pfännchen

Bei der Ärbet es Esse naut vergesse

Der nährstoffreiche Basaltverwitterungsboden und die wasserhaltenden Tone schufen im Westerwald die besten Voraussetzungen für eine ausgedehnte Viehzucht und Milchwirtschaft. 1836 berichtet C. W. Klaas: „Das größte Vergnügen findet der Bauer an seinem Viehbestand. Fast jeder ist des Viehhandels schon frühe kundig und bei sonst gutem Charakter stets darauf aus, den unkundigen Fremden wo möglich zu überlisten."
Natürlich wurde beim Viehhandel kräftig gegessen und getrunken. Zu diesen Anlässen lebte man besser als in der übrigen Zeit des Jahres. Gutes und kräftiges Essen benötigten auch die zahlreichen Waldarbeiter, die in den Waldungen des Westerwaldes Bauholz schlugen und mit Pferdegespannen aus dem Wald zu den Lagerplätzen schleiften. Dies brachte wiederum den Dorfschmieden ein gutes Auskommen.

In der waldreichen Gemeinde Waldbrunn, im Ortsteil Ellar, befindet sich eine solche altertümliche Schmiede, die von dem 1987 gegründeten Kultur- und Geschichtsverein Ellar e.V. renoviert und restauriert wurde und von den Interessenten aus nah und fern besichtigt werden kann. Doch damit nicht genug: Alle 14 Tage wird dort auch ein Pferd beschlagen!

Zutaten:

25 Eier,
20 g Salz,
30 g Fondor,
1/8 l Milch,
500 g Leberwurst,
500 g Blutwurst,
250 g Schinkenspeck.

Zubereitung:

Eier, Salz, Fondor, Milch 5 Minuten schlagen. Speck anbraten und wieder aus der Pfanne nehmen.
Die geschlagenen Eier in die heiße Pfanne geben, umrühren und backen. Speck, Leber- und Blutwurst obenauf legen und unter dem Deckel 5–8 Minuten stocken lassen.

(Rezept von
Dorothea Gröschen)

Dippekuchen

Fir de Kartoffeln gibt mer nicks, dos anner Zeig eß all Geschlicks, Kartoffeln muß ech äßen

„Was tätet ihr nur ohne die Kartoffel?" hätte man ein paar Jahrzehnte später in Abwandlung des friderizianischen Ausspruchs im Westerwald fragen können. Denn damals war die Kartoffel im Westerwald im wahrsten Sinne des Wortes „in aller Munde", und nicht nur deshalb, weil sich der vulkanische Boden für den Kartoffelanbau als besonders geeignet erwies. Die Kartoffel ersetzte die vorher bevorzugten Getreideprodukte und wurde in Notzeiten anderen Gerichten beigegeben, wo man sie sonst nicht vermuten würde. Hiervon wurde manches in den üblichen Speisezettel aufgenommen und hat noch heute seinen Platz in der Westerwälder Küche, wie der „Dippekuchen", mancherorts auch ganz treffend „Knallkuche" oder „Dutsch" oder „Datschett" genannt.

Wenn es auch von Ort zu Ort kleinere Abweichungen in der Zubereitung gibt, so legt man überall Wert darauf, daß der Dippekuchen eine schöne, wohlschmeckende braune Kruste hat. Als Beispeise empfiehlt sich Apfelmus oder Zwetschgenkraut. Aber auch Kräuterquark mundet dazu. Er paßt auch zur Bohnensuppe und anderen Eintöpfen.

Dippekuchen kann man in den kleinen Dorfgaststätten des Westerwaldes auf Bestellung bekommen, wie in der „Lochmühle" in Oberzeuzheim. Und wer die aufgetischte Portion nicht auf einmal schafft, dem sei gesagt, daß der Dippekuchen auch aufgewärmt gut schmeckt!

Zutaten:

(für 4 Personen)
8 Pfund Kartoffeln,
6–8 Eier (je nach Stärkegehalt der Kartoffeln),
100 g Schinkenwürfel roh,
200 g Schinkenwürfel gebraten,
Salz, Öl.

Zubereitung:

Kartoffeln reiben, würzen und mit rohen Schinkenwürfeln mischen. Im Bräter („Dippe") im heißen Öl unter ständigem Rühren ca. 10 Minuten kochen. Dann mit angebratenen Schinkenwürfeln und Eiern zu einem Teig rühren und bei 250° ca. 2 Stunden backen. Stürzen, aufschneiden und mit „Appelmok" servieren (frischer Apfelbrei mit Zimt, Vanillezucker und geschlagener Sahne).
(Rezept von
Ria Güth, Lochmühle)

Brocksel

Et wär goot, wenn ma dat beßchen Äſſen och noch drönken könn

Dauborn iſt bekannt geworden durch ſeinen wohlſchmeckenden Branntwein, der hier nachweislich ſeit 1656 hergeſtellt wird. Er wurde ſeinerzeit mit Aniswaſſer angereichert. Man bezog es von der Frankfurter Meſſe oder ſetzte Wacholderſaft zu, für den man im Amt Weilſtein Wacholderbeeren ſammelte.

Das hochprozentige Eſſen (oder Trinken) in Dauborn hat der Überlieferung nach von Dehrn an der Lahn ſeinen Ausgang genommen. Dort trafen ſich im Dorfgaſthaus nach des Tages Arbeit Arbeiter und Fuhrleute, ſtärkten ſich am „Lahntaler", einem alten Klaren, und an den Lebkuchen, die im gleichen Hauſe gebacken wurden. Da der Lebkuchen oft hart und feſt war, machten ſie ihn durch ein kurzes Eintauchen in ihr Glas mit Lahntaler leichter eßbar.

Vor etwa hundert Jahren, zum Jahreswechſel, wollte die pfiffige Wirtin ihren Gäſten eine beſondere Freude machen. Sie ſchnitt Lebkuchen in ſehr kleine Stückchen (Bröckchen) in eine Schüſſel. Dann löſte ſie im Lahntaler durch Umrühren etwas Zucker auf und goß ſoviel Lahntaler zu den Bröckchen, daß dieſe gerade ſchwimmen konnten.

Der Lahntaler mit den aufgeweichten Lebkuchen ſchmeckte allen ſehr gut. Da dieſe „Erfindung" im Weſterwald, der ehemals in ſeiner Geſamtheit zum Herzogtum Naſſau gehörte, kreiert wurde, hieß dieſe Spezialität fortan: Naſſauer Brockſel.

Bekannt ſind auch noch in der Region die „Branntweinſticker". Man beträufelt Brotſtücke mit Zucker und taucht dieſe in den Branntwein. Branntweinſticker hießen aber auch früher die Äcker, die die reichen Branntweinherſteller zum Pfand bekamen, wenn ſie den ärmeren Landleuten Geld verliehen!

Zutaten:

400 g brauner Kandiszucker,
$^1/_2$ l Wasser,
$^3/_4$ Platte Lebkuchen,
$^3/_4$ l Dauborner Korn.

Zubereitung:

Zucker im Wasser erwärmen, bis er sich aufgelöst hat. Durch ein Sieb streichen, erkalten lassen. Zuckerlösung mit Korn mischen und in kleine Würfel geschnittenen Lebkuchen dazugeben.

(Rezept: Heidemarie Wagner)

Struh un Lohme

Lerwär en Bauch vom Esse als en Buckel vom Schaffe

Im Westerwald, wo man mehr noch als andernorts mit der Nahrung haushalten mußte, war die Resteverwertung eine notwendige Übung der Hausfrau. Ein typisches Essen dieser Gattung ist das Robsel, auch „Struh un Lohme" oder „Schnausel" genannt.

Zubereitet wurde es in Greifenthal unterhalb der Burg Greifenstein, einer Hugenottensiedlung, die der Graf von Nassau neben anderen Ansiedlungen anlegte. Die Zutat von gebratener Blutwurst war aber nicht alltäglich. Sie soll vielmehr die Speise für unseren heutigen Verzehr zum Festtagsessen werden lassen.

Die Burg Greifenstein mit den mächtigen Doppeltürmen, das Wahrzeichen der gesamten Region, hat eine bewegte Geschichte. Sie zerfiel, nachdem sie 1694 aufgegeben wurde. Die Ruine vermittelt noch heute den Eindruck einer ausgedehnten Befestigungsanlage. 1970 wurde die Burg vom Greifenstein-Verein restauriert und unterhalten. So erschließt sich dem Besucher wieder die barocke Schloßkirche mit Stuckdecke, die gotische Katharinenkapelle und die Kasematten.

In der Roßmühle, einem 1620 errichteten Batterieturm, ist seit 1984 das Deutsche Glockenmuseum untergebracht. Dreißig in der Mehrzahl läutbare Glocken aus neun Jahrhunderten dokumentieren die Musik- und Kunstgeschichte der abendländischen Glocke von der spätromanischen Bienenkorbglocke bis zu den Erzeugnissen der Notzeiten des 20. Jahrhunderts, wo Glocken aus billigem Eisen und Stahl gegossen wurden.

Zutaten:

Sauerkraut,
Kartoffeln,
Hausmacher Blutwurst.

Zubereitung:

Sauerkraut vom Vortag nehmen (mit Rauchfleisch gekocht), mit zerstampften Salzkartoffeln mischen.

Blutwurst in Schmalz braten. Bratenfett über Kartoffeln und Sauerkraut geben und die Blutwurst dazu reichen.

Struh un Lohme („Stroh" für Sauerkraut – „Lehm" für Kartoffelbrei) heißt in manchen Gegenden im Westerwald auch „Robsel" oder „Schnausel".

Löwenzahnsalat

Danz dau met mir, Dau liewer Westerwäller.
Hun mer aach kan Daaler net, So hun mer doch noch Heller

Im Westerwald war in früheren Zeiten der Hafer die vornehmlich angebaute Körnerfrucht, aus dem man den „Breimelsbrei" (Breimehlbrei) herstellte, eine anspruchslose Speise. Obst und Gemüse wurden besonders gern angebaut und zu verschiedenen Speisen verarbeitet. Weißkraut hatte sich wegen des beliebten Sauerkrauts durch starken Anbau zu einer eigenen Lokalsorte, dem „Wäller Kappes", entwickelt, und die Erdkohlraben galten lange als das beste „Obst des Westerwaldes". Die Westerwälder wußten auch viel mit Wildkräutern anzufangen, die sie zu Heilzwecken (Heilkräutern) benutzten oder auch zu Speisen verarbeiteten. Ganz obenan in der Wertschätzung stand der Löwenzahn, den man im Westerwald „Schellbloum" nennt. Bereits 1539 weist der Botaniker Hieronymus Bock in seinem „Kreutterbuch" auf die Heilwirkung des Löwenzahns hin, besonders bei Augenleiden: „ . . . möcht wohl augenwurtzel heißen / ursach wann diese wurtzel im sommer gegraben würt und dann einem Menschen oder anderm viehe die flecken in augen haben / an den halß gehenckt würt / verschwinden die flecken wunderbarlich." Im Dillgebiet wird der Löwenzahn seiner blutreinigenden Eigenschaft wegen zu Gemüse und Salat verarbeitet.

Das Rezept für den Löwenzahnsalat lieferte die Töpferin Elke Lisgen aus Mengerskirchen, die es aus dem handgeschriebenen Rezeptbuch ihrer Großmutter entnommen hat.

Zutaten:

½ Pfund zarte Löwenzahnblätter,
½ Pfund Gänseblümchenköpfe,
100 g Dörrfleisch,
2 EL Essig,
Salz, Pfeffer, Zucker,
1 gekochtes Ei.

Zubereitung:

Löwenzahnblätter und Gänseblümchen mit gebratenen Dörrfleischwürfeln mischen. Mit Salz, Pfeffer, Zucker würzen, ein kleingeschnittenes gekochtes Ei untermengen.

Brennesselsuppe

Wer früh aufsteht, sein Brot verzehrt
Wer lange schläft, den Gott ernährt

Das Bauernhaus im Westerwald, mit seinen mächtigen Fachwerkbalken und dem ehemals strohgedeckten Dach, mußte der Unbill der Witterung trotzen. So war es meist zweistöckig errichtet und besaß an seiner Längsseite ein einstöckiges Anhängsel, das „Niederlaß". Alles überdeckte das Strohdach, das nach der Wetterseite hin über das Niederlaß hinunter fast bis auf die Erde reichte.

Leider sind nur noch wenige dieser altertümlichen Hausformen im Westerwald erhalten geblieben. Es gibt sie nur noch in den Freilichtmuseen „Hessenpark" und Hachenburg oder in Heimatmuseen wie dem „Alten Haus" in Greifenstein-Holzhausen, das vom Heimat- und Verkehrsverein unterhalten und von Hauptlehrer Heinrich Jung geleitet wird.

Beim Eintritt in das Haus kam man früher in den geräumigen Hausflur, der gleichzeitig als Küche diente. An der einen Seite dieses Raumes lag die Wohnstube mit einer sich daran anschließenden Kammer im Niederlaß. Auf der anderen Seite des Flurs führte eine Tür in den Stall, und neben diesem lag die Scheune.

Eine interessante Kocheinrichtung konnte man noch vor 100 Jahren im Westerwaldhaus antreffen: das Kochen auf offenem Feuer. Im Hausflur lag als Herd eine große Basaltplatte unter dem mächtigen Rauchfang. Die Speisen wurden in einem großen eisernen Topf gekocht, der mit einem Bügelhenkel ausgestattet und mit drei Beinen versehen war. In diesem Topf wurde auch die Brennesselsuppe gekocht, die bei den ärmeren Westerwäldern zur Alltagskost gehörte.

Sparsamkeit war oberstes Gebot der Westerwälder: auch was das Essen betraf. So ist die Geschichte von einem Westerwälder Schwiegervater überliefert, der seinem Schwiegersohn (Eidam) empfahl: „Ehrem, äß Käs, der köhlt (kühlt)", dieser antwortete aber gelassen: „Ech äß Botter, onn wenn ech verbröhn (verbrenne)".

Zutaten:

1 l Fleischbrühe,
2 altbackene Brötchen,
200 g junge Brennesseln.

Zubereitung:

Brötchen in Scheiben schneiden und in die heiße Brühe geben. Brennesseln überbrühen (damit sie nicht mehr stechen!), hacken und in der Brühe aufkochen. Suppe mit etwas Grieß andicken.
(Rezept von Christa Gombel)

Eierkäs

E schiener, gäler Ajerkäs
is doch e herrlich gout Geäss

Fragt man nach einem Nationalgericht der Westerwälder, so wird man immer wieder hören: „Eierkäse". Es ist kein Käse im herkömmlichen Sinne, sondern eine Süßspeise, die früher als Festessen bei keiner Hochzeit fehlte. Der Eierkäse gehörte zum nachmittäglichen Kaffetrinken am Hochzeitstag, zum Mittagessen gab es Hirsebrei. Beiden Speisen schrieb man „nachwuchsfördernde Kräfte" zu!

Der Eierkäse scheint auch anderenorts ein beliebtes Gericht gewesen zu sein, wenn man der alten Frau Rat Goethe folgt, die ihn in einem Brief erwähnt: „ . . . hat mir um 5 Uhr mey Eierkäse recht gut geschmeckt." Zur Zubereitung des Eierkäses wird im Westerwald eine spezielle „Eierkäseseih" benutzt. Sie ist kunstvoll verziert, so daß sich die Muster auf dem umgestülpten Eierkäse abdrücken. Solche Schmuck- und Gebrauchsstücke gehörten zur Aussteuer jeder Braut.

Zu einem immer fröhlichen und lachenden Menschen sagt man noch heute im Westerwald: „Der is zu löcherig wej en Aajerkässeih!"
Hergestellt wurden diese Eierkässiebe früher im Töpferort Breitscheid. Heute werden die Formen in Oberdrais in der Töpferstube Thielmann angefertigt.

Zutaten:

6 Eier,
Prise Salz,
1 TL Zucker,
knapp 1/2 l Milch.

Zubereitung:

Eier und Salz mit dem Schneebesen durchschlagen, ca. 1/2 Stunde stehen lassen. Milch und Zucker darunterrühren und in einem Einweckglas 20 Minuten im Wasserbad stocken lassen.
In einer Eierkäsform oder in einem mit einem Tuch ausgeschlagenen Sieb die Masse abtropfen lassen. Eierkäs kalt stellen, mit Zimt und Zucker bestreuen. Er schmeckt sehr gut auf Weißbrot oder „Kringe" – einem gerollten gefüllten Hefeteig.
(Rezept von
Helga Hopf und Käthe Klaas)

Kartoffelbrot

**Wer et Mähl lääßt ahle un et Brut lääßt kahle,
spart iem Joahr e Geback**

Waren die Grundnahrungsmittel, Brot und Kartoffeln, knapp geworden, so kamen die Westerwälder in arge Not. Doch Not macht bekanntlich erfinderisch: Der Westerwälder Friedrich Wilhelm Raiffeisen (1818–1888) gründete 1846, als ein langer, harter Winter Hunger und Armut über die Menschen seiner Heimat brachte, den „Weyersbuscher Brodverein". Seine Idee ist um die Welt gegangen, die Idee von der Genossenschaft der Landbevölkerung, in der die Mitglieder Hilfe durch Selbsthilfe und Solidarität fanden.

Der Backtag hatte früher bei den Westerwälder Hausfrauen den gleichen Stellenwert wie der Waschtag. Der „Backes", wie das Dorfbackhaus heißt, galt als Treffpunkt der Frauen, als Kommunikationszentrum und Neuigkeitenbörse.

Im Backofen wurde, wenn das Brot bereits gebacken war, zur Freude der Kinder „Äppelstoche" in der letzten Hitze aufbereitet. Dazu nahmen die Frauen die Reste vom Brotteig und wickelten Äpfel, aus denen man das Kernhaus entfernte, hinein. Nach dem Backen bestreute man sie mit Zucker.

Gebacken wurde übrigens nicht nur mit Brotmehl und Sauerteig, sondern auch mit Kartoffeln. Ganz obenan in der Skala der Wertschätzung stand der „Riewesplatz", für den man einen Teig knetete. Zum Schluß wurden frische geriebene Kartoffeln zugegeben.

Im Spätsommer und Herbst, zur Kartoffelernte, wenn auf den abgeernteten Feldern die Kartoffelfeuer loderten, duftete es aus den Häusern nach Kartoffelbrot. In vielen Westerwaldorten bereitete man statt des Riewesplatz den „Kastenriewes". Da wurde der Teig nicht ausgerollt, sondern in einer Kastenform gebacken.

Zutaten:

2 Pfund Mehl,
1 Würfel Hefe,
1 TL Salz,
etwas Zucker,
200 g rohe Kartoffeln,
¹/₄ l heiße Milch,
2 EL Öl.

Zubereitung:

Aus Mehl und Hefe einen Vorteig rühren, ca. ¹/₂ Stunde gehen lassen.

Kartoffeln reiben und auf einem Sieb ablaufen lassen. Mit heißer Milch überbrühen, mit Salz und Zucker würzen. Die Masse mit dem Vorteig verrühren und ¹/₂ Stunde gehen lassen. In einer Kastenform ca. 45 Minuten bei 200° backen.

In Erdbach heißt das Kartoffelbrot nach der Backform „Kartoffelsdiehlkuchen".

(Rezept von Else Becker)

Limburger Säcker

E Stick Brut iem Sack is besser wej en Ferrer uff'm Hout

Die Auswahl an bodenständigen Fleischgerichten im Westerwald ist nicht groß. Fleisch kam nur in Ausnahmefällen auf den Tisch, wenn nicht gerade Hausschlachtung war und man allerlei vom Schwein im Vorrat hatte. In deftigen Eintöpfen kochte man die weniger wichtigen Stücke vom Schwein, wie Ohren und Schweinebacken. Vom Schweinskopf verstand man Sülze zu kochen, und mit besonderer Vorliebe aß man die Innereien: saure Leber, und Nieren, Hirn und Herz. Auf dem Lande beschränkte sich die Fleischmahlzeit auf die Zubereitung von „Sauerbrore", Schweinerolle aus dem Tontopf oder süßsaures Knochenfleisch.

Phantasievolle Fleischspeisen wurden dagegen in den Gaststätten der Städte im Westerwald aufgetischt, ganz besonders in den Städten, in denen wohlhabendes Bürgertum, fremde Kaufleute, Landadel und gutem Essen zugetane Geistlichkeit zu finden waren!

Ein Beispiel bietet Limburg mit seiner Spezialität, dem „Säcker". „Säcker" hießen jene, die die Lasten von den Lahnschiffen auf die Fuhrwerke trugen und die Waren aus aller Herren Länder zum Markt brachten. Die Fuhrwerke wurden, bevor sie die Stadt passierten, nach dem Umfang der Fracht überprüft: sie mußten das „Limburger Maß" haben, um die engen Straßen der Stadt durchqueren zu können!

Limburg bietet nicht nur lukullische Genüsse, sondern auch viele Sehenswürdigkeiten der Baukunst, der sakralen Kultur. Der romanische Limburger Dom begrüßt den Reisenden, der die Autobahn benutzt, schon von weitem. Früher kreuzten sich die Straßen nach Köln, die Hohe Straße durch den Westerwald, die Hühnerstraße nach Wiesbaden, die Hessenstraße nach Marburg und die Koblenzer Straße, die lahnabwärts führte, alle in Limburg.

Durch die Reisenden sind die Einwohner reich geworden und davon zeugen die prächtigen Fachwerkbauten. In der Fachwerkrestaurierung steht Limburg unbestritten ganz oben an.

Zutaten:

(für 4 Personen)
4 ausgelöste gesalzene Koteletts,
8 EL Sauerkraut,
4 TL Senf,
4 Scheiben Dörrfleisch,
4 Essiggurken in Scheiben,
Mehl, Fett, Pfeffer, Salz.

Zubereitung:

In das Kotelett eine Tasche schneiden, würzen, mit Senf ausstreichen und mit Sauerkraut, angebratenen Dörrfleischwürfeln und Essiggurken füllen. Fleisch mit Holzstäbchen zustecken, in Mehl wenden und braten.

(Rezept von Karl Müller)

Kalbfleischbällchen

Es gaut naut Besseres als was Gautes

Ein Kleinod der Baukultur früherer Epochen ist Weilburg, das sich selbst gerne „barocke Residenzstadt" nennt. Die Schloßanlage gehört zu den prachtvollsten Renaissancebauten in Deutschland.

Die Herren von Nassau-Weilburg residierten hier; sie waren Herren über 38 Dörfer, sechs Burgen und ganze 4.000 Untertanen und führten ein feudales Hofleben im Stile ihrer Zeit.

Über das Reglement der Tischkultur in den Schlössern und Adelshöfen gibt eine 1561 erlassene „Ordnung über Tisch zu Sunderßhausen, Siegen und Dillenburg" Auskunft. So wurden alle Unbotmäßigkeiten bei Tische mit Geld oder anderen Strafen geahndet: Fluchen oder Schwören bei Tisch kostete einen Pfennig Buße. Jeder mußte den anderen beim rechten Namen nennen, er durfte kein Messer ent- oder verleihen, keine Getränke verschütten, keine Gläser oder Becher zerbrechen.

Vieles ist im Weilburger Schloß erhalten, was von dem Repräsentations- und Wohnbedürfnis des fürstlichen Absolutismus kündet. So zum Beispiel die Barock-Küche im Westflügel des Schlosses oder das chinesische Kabinett, die Wohnappartements der Gräfin, das Kurfürstenzimmer im Südflügel, das Treppenhaus mit der barocken Stuckdecke und die 35 Innenräume aus der Zeit der Renaissance bis zum Historismus des 19. Jahrhunderts. Die Kalbfleischbällchen wurden einer Speisenfolge mit 17 Gängen aus der Zeit der französischen Besatzung übernommen. 1796 mußten die Weilburger 10 Tage lang etwa 400 Soldaten auf ihre Kosten verpflegen.

Zutaten:

(für 4 Personen)
600 g Kalbfleisch von der Oberschale,
Schnittlauch, Petersilie,
Basilikum, Salbei,
Salz, Pfeffer
1 Ei,
1/8 l Sahne.

Zubereitung:

Fleisch zweimal durch den Wolf drehen, feingehackte Kräuter nach Geschmack dazugeben, würzen und mit Ei und Sahne zu einem Teig kneten.

Kalbfleischbällchen formen und in einer hellen Soße ziehen lassen. Soße mit Eigelb und Sahne legieren.

(Rezept von Leo Krämer, Schloßhotel Weilburg)

Märchen und Sagen aus dem Westerwald

Der Westerwald ist in dem Reiche der Sage nur eine kleine Provinz. Aber reich, überreich hat ihn die alte, stille Frau bedacht. Sie hat mit segnender Hand die Hochlandheide gestreift, ist mit leisem Schritt über die Basaltklippen gehuscht, verweilte sinnend in Kirchen und Klöstern und Burgen, schaute in Erdhöhlen, tauchte die Hand in kristallklares, eiskaltes Wasser und fuhr mit Wolkenschiffen über die Lande.

Und immer wieder weitergetragen wurden die Erzählungen über die Fabelwesen, die ehedem Berg und Tal bevölkerten. Im Teich bei Mengerskirchen hauste der Unkenkönig. Glitzernd spielten die tausend feinen, vom Wind gekräuselten Wellen mit den schlanken Binsen am Ufer. Da stieg er in königlicher Pracht aus seinem Schloß in der Tiefe auf. Kein Laut. Sonnensonntagsstille ringsum. Die schwere goldene Krone mit den blitzenden Diamanten lag im Grase, der Unkenkönig stieg in die kühle Flut. Es war ein Bauer, der sah das Diadem. Mit gieriger Hand griff er danach. Hastend ging sein Fuß am bebuschten Ufer entlang. Da merkte der König den Raub. Er war hinter dem Räuber. Da flog ein blauer Kittel auf den Weg. Er barg die Krone nicht. So hastet der König weiter. Die Stiefel läßt der Bauer. Wieder ist der Unkenkönig getäuscht. Dicht ist er dem Räuber auf den Fersen. Bis in den Hof des Bauern folgt er.

Da durchschneidet ein Blitz die Luft. Tief in den Leib des Unkenkönigs bohrt sich der möderische Sensenstahl des Bauern. Einen schrillen Schrei stößt der Verwundete aus. Und da quillt es herauf aus allen Wassern: Das Heer der Unken eilt dem König zu Hilfe. Und dann liegt der Räuber am Boden. Aus seinem Herzen sickern leise schwarze Blutstropfen.

Da, wo die Dill in die Lahn einmündet, wohnte tief im Grunde des Wassers ein Nöck. Oft kam er aus der Tiefe zum Licht und saß traurig am Ufer. Er wartete. Und dann kam ein Mädchen zu ihm, das er liebgewonnen hatte. Immer redete er mit ihr: aber von seiner Liebe sagte er nichts. Bis einmal, da flehte er sie mit Tränen an: „Werde mein Weibchen!" Aber sie wollte nicht. Da schenkte er ihr eine Schnur aus bunten Steinen, tauchte ins Wasser und ward nie mehr gesehen.

Von gewaltiger Kraft waren die Riesen, die ehedem auf dem Westerwald wohnten. Bei Weilburg wohnte ein Riesengeschwisterpaar, Bruder und Schwester, die hatten ein mächtiges Felsschloß gebaut und in dem Schloß die Kostbarkeiten der Welt gehäuft. Sie übten Herrschaft über alle Geschöpfe. Und einmal, da wollte der Riese gar den Kampf mit dem Ewigen, der über den Wolken wohnt, aufnehmen. Aber der Ewige schickte das Feuerschwert aus dem blauen Himmel hernieder, das zerspellte die hoch erhobene Keule des Mächtigen. So starben die letzten Riesen.

Der Sinn des Volkes geht auf das Heldenmäßige. Und aus allen Ecken sucht es seine Helden zusammen. Es sind nicht immer Vorbilder an Tugend und Lebensführung. Noch immer gehen die Erzählungen von dem Schinderhannes von Mund zu Mund. War da ein Pfarrer in Rennerod, der ein schönes Pferd ritt. Reitet eines Tages nach Limburg. Liegt da am Weg unter einem Baum ein armer Krüppel. „Ach, die bösen, die miserablen Buben! Haben mir meine Krücken auf den Baum gehängt! Helft mir, ehrwürdiger Herr!" Der gutmütige Pfarrer klettert den Baum hinauf. Da schwingt sich der Schinderhannes, denn kein anderer war der Bettler, auf den Gaul, und husch! ist er weg. Und so gehen die Sagen hundertfältig, und keiner kann sie ausreden.

VIII Wohlschmeckendes aus Waldeck

Im Nordwesten des Hessenlandes liegt das Ferienland Waldeck inmitten der Ballungsgebiete Rhein-Ruhr, Rhein-Main und dem Großraum Hannover.

Vor 15 Jahren war es kaum vorstellbar, daß „Waldecker Dickköppe“ und „blinde Hessen“ einmal einträchtig in den Grenzen eines gemeinsamen Kreises leben könnten. 1974 wurden die bis dahin selbständigen Landkreise Waldeck und Frankenberg zum flächengrößten Landkreis Hessens, dem Landkreis Waldeck-Frankenberg, zusammengeschlossen. Heute teilen sich 150000 Einwohner die 1848 km² Gesamtfläche, von der 45% bewaldet sind, und ein etwa gleich hoher Anteil von der Landwirtschaft genutzt wird. Drei Talsperren bieten zusammen die größte Wasserfläche für Freizeit und Erholung aller hessischen Landkreise: Eder-, Twiste- und Diemelsee.

Der Landkreis Waldeck-Frankenberg ist mit Abstand der fremdenverkehrsreichste in Hessen. Mehr als 4 Millionen Übernachtungen wurden im Jahre 1987 gezählt. 28 Gästeübernachtungen kommen durchschnittlich im Jahr auf einen Einwohner. Die meisten besuchen die drei Heilbäder – Bad Wildungen, Arolsen und Willingen. Daneben gibt es auch ein Kneippheilbad, einen heilklimatischen Kurort, elf Luftkurorte und 26 anerkannte Erholungsorte.

Die landschaftliche Vielfalt dieses Mittelgebirges im Hessischen Bergland reicht von den höchsten Bergen des Sauerlandes in Willingen im Upland von 843 m bis in die Talniederungen der Eder bei 178 m ü. NN.

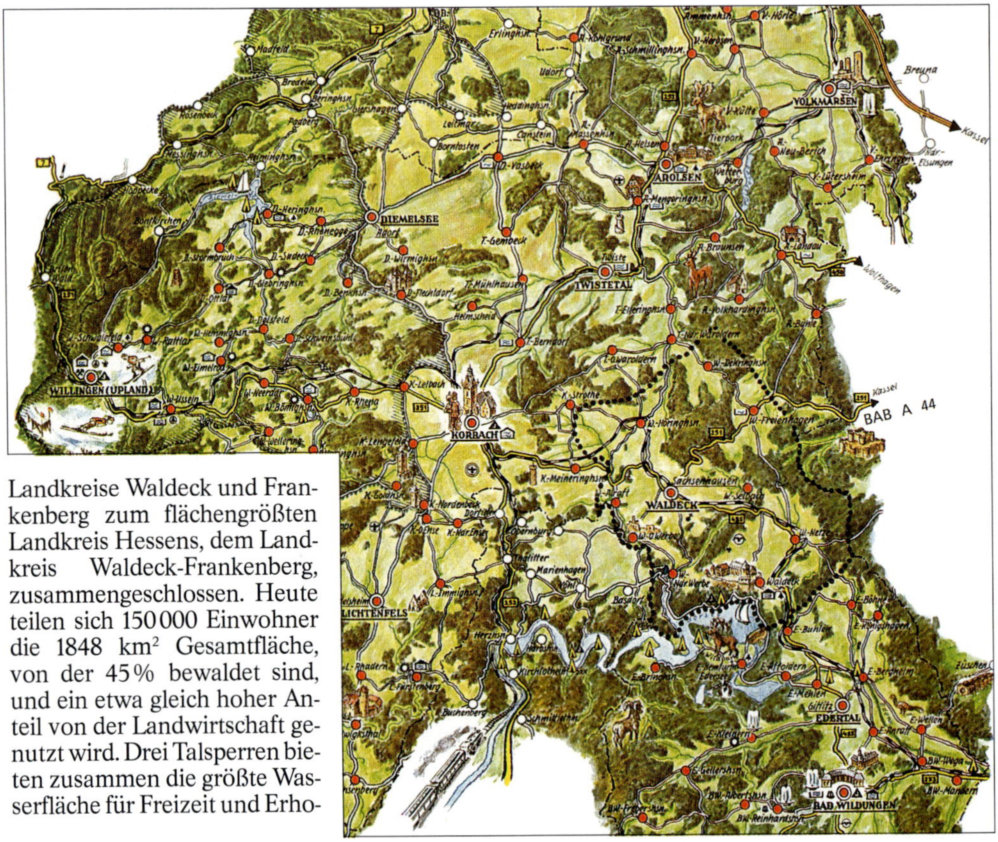

Die Waldecker: selbstbewußt und traditionsverbunden

Das heutige Ferienland Waldeck ist nahezu identisch mit dem ehemaligen Fürstentum Waldeck. Um das Jahr 1100 regierten in der Burg Waldeck die Herren von Waldeck. Zu Beginn des 12. Jahrhunderts waren sie als Grafen von Schwalenberg ins Land gekommen, zunächst als Schutzvögte der Reichsabtei Corvey und des Bistums Paderborn, deren weltlichen Besitz sie zu verwalten hatten. Doch bald machten sie sich von ihren Lehnsherren unabhängig, erwarben die Burg Waldeck und übernahmen später dann die Herrschaft über Korbach und Burg und Stadt Wildungen. Durch eine geschickte Politik konnten sie ihr Besitztum stabilisieren und über die napoleonischen Wirren retten. Das Fürstentum war seit 1815 Mitglied des Deutschen Bundes, 1867 übernahm Preußen die innere Verwaltung aufgrund des sog. Akzessionsvertrages und blieb bis 1919 als Fürstentum mit erblicher Fürstenwürde bestehen, dann wurde es Freistaat. 1929 fiel Waldeck an Preußen und gehörte dann zum Regierungsbezirk Kassel. Mit der Schaffung des Bundeslandes Hessen nach 1945 wurden die ehemals drei waldeckischen Kreise des Eisenberges, der Twiste und der Eder durch eine Verwaltungsreform zusammengelegt und zu dem Kreis Waldeck vereinigt. Diese geschichtliche Entwicklung hatte Auswirkungen auf das Zusammengehörigkeitsgefühl der Bevölkerung, dem so etwas wie „Nationalstolz" auf ihre Heimat innewohnt. Unterstrichen wird diese Identität durch volkskundliche Besonderheiten in der Sprache, in der traditionellen Bauweise und in den Sitten und Gebräuchen. Für hessische Ohren völlig ungewohnt, wird hier ein eigener Dialekt gesprochen. Er ist zwischen dem Mitteldeutschen und dem Niederdeutschen anzusiedeln. Die alten Bauernhäuser sind niederdeutsch beeinflußt und ähneln dem Vierständerhaus. Alles ist unter einem Dach vereinigt, die Frontseite hat ein hohes Einfahrtstor, mit dem das Haus erschlossen wird – Verwandtschaft zum westfälischen Volkstum ist unverkennbar.

Die Waldecker Fürsten machten Arolsen zu ihrer Residenz und entwickelten eine reiche Kultur. Künstler und Gelehrte kamen gerne hierher. 1777 wurde der Bildhauer Christian Daniel Rauch geboren, einer der Mitschöpfer des „preußischen Stils". Insgesamt scheint es so, als ob es in Waldeck immer ein bißchen freundlicher und vornehmer zugeht. Das macht zum einen die eigene Mundart, zum anderen die Küche aus, von der auf den folgenden Seiten die Rede ist. Michaele Scherenberg und Karl-Heinz Stier, diesmal mit einem Ford Eifel Cabrio aus dem Jahre 1939 unterwegs, haben die Speisekarten der Waldecker studiert und typische Rezepte zusammengetragen. Die Kochkunst wurde nicht nur in der fürstlichen Residenz, sondern auch in den Städten Korbach und Wildungen kultiviert, wo die selbstbewußten Stadtbürger sagten:

better: etten, drinken un erwerwen,
osse hungern un verderwen.

Feldhühner

Sall de Broode nit verbrennen, dann mott men'n jau un hants wengen

Korbach, heute Sitz des Landkreises Waldeck-Frankenberg, war schon im Mittelalter Schnittpunkt bedeutender Handelsstraßen von Köln nach Leipzig und von Bremen nach Frankfurt. Die erste urkundliche Erwähnung stammt aus dem Jahre 980, als Kaiser Otto II. seinen dortigen Besitz an das Kloster Corvey abtrat. 1188 erhielt Korbach das „Soester Stadtrecht". 1377 wurden Alt- und Neustadt vereinigt und ein imposantes Rathaus gebaut. Die Stadt ist umgeben von einem doppelten Mauerring, der noch weitgehend erhalten ist, ebenso wie die alten Patrizierbauten, manche noch aus dem Mittelalter.

Die Korbacher werden „die Feldhühnerchen" genannt. Eine Schilderung aus dem Jahre 1820 nennt den Grund: „Auf das allgemeine Jagdrecht waren die Bürger nicht wenig stolz, und da konnte man die Jagdliebhaber mit wichtiger Miene zum Tore hinausziehen sehen, eine schwere Flinte tragend, die wahrscheinlich beim Losdrücken oft nicht losging. Hatte man keine Siegestrophäe mit nach Hause gebracht und mußte sich der wackere Jäger statt an einem Hasenbraten oder Feldhuhn an einem Kartoffelgericht delektieren, so legte er sich nach dem Schmause dennoch ins Fenster und sagte, sich die Zähne stochernd, den Vorübergehenden, er habe Feldhühner gespeist." Und so heißen in Korbach heute noch die möglichst in der Asche gebratenen Kartoffeln „Feldhühnerchen". Attraktion in der Fußgängerzone am Rande der Altstadt ist alljährlich der mittelalterliche Markt. Historisch gekleidete Händler bieten ihre Waren feil, und Gaukler und fahrende Sänger tragen zur Unterhaltung der Gäste bei.

Zutaten:

4 Rebhühner,
500 g Pfifferlinge,
140 g Butter,
4 große Speckscheiben,
Salz, Pfeffer.

Zubereitung:

Pfifferlinge säubern, flüchtig in Wasser spülen und auf einem Tuch trocknen. Die Pilze dann in heißer Butter kurz dämpfen, mit Salz und Pfeffer bestreuen und erkalten lassen.
Die Pfifferlinge in die gesäuberten Rebhühner füllen. Diese mit Speck fest umwickeln und in heißem Fett braten.
Dazu eine Soße aus frischem Estragon und Sahne sowie rundum angebratene kleine Pellkartoffeln.

(Rezept von Beate und Michael Schmiedchen)

Holunderkuchen

Klein Braud un Butter drupp, dat maulert gut

Grundlage für den Holunderkuchen sind die Kartoffeln und Holunder. Im volkstümlichen Bereich nutzte man ihn auf mannigfache Weise: er wurde zu Likör verarbeitet und gegen Husten verabreicht. Man bereitete daraus auch Suppen, und die Holunderblätter wurden als heilkräftiges Mittel bei Hautkrankheiten aufgelegt. Findige Hausfrauen bereiten aus Holunder einen Sekt, und die abergläubischen Waldecker „besprachen" Krankheiten, indem sie diese in den Holunderbaum wünschten (sog. Sympathiezauber). Die Kartoffeln findet man Mitte des 18. Jahrhunderts in Waldeck. 1742 wird von einer Witwe berichtet, die sich „ein Kleines Wurtzel- und Cartoffeln Gärtgen" angelegt habe. Um 1800 gehören die Kartoffeläcker zu den zehntpflichtigen Nutzflächen. Sie werden in Waldeck mit unterschiedlichen Namen bedacht; so heißen die Kartoffeln in Frebershausen „Kartaufel", in Bringhausen „Kartöckfel" und gelegentlich auch „Kartüffel" und „Erdappel".

Ähnlich bunt war auch die Tracht der Landbevölkerung in Waldeck. Allerdings sieht man sie nicht mehr im Straßenbild, nur im Museum von Korbach und anderen Heimatmuseen zeigt man alte Stücke oder gelegentlich tragen die Landfrauen ererbte oder neu geschneiderte Trachtenstücke auf Dorffesten.

Zutaten:

Teig:
500g Weizenmehl,
2 Päckchen Backpulver,
400g Kartoffeln,
2 Eier, 1 Prise Salz,
1 Prise Muskat,
etwas Rum,
100g Butter,
150g Zucker,
etwas Vanillezucker.

Belag:
600g Holunderbeeren,
2 Eier, 100g Zucker,
250g Schmand oder saure Sahne.

Zubereitung:

Die am Vortag gekochten Kartoffeln durch die Presse drükken und mit den anderen Zutaten verkneten. Auf einem gut gefetteten Blech dünn ausrollen. Die sauber abgestreiften Holunderbeeren darauf verteilen. Kuchen ¼ Stunde bei 200° –225° backen. Die Eier mit dem Zucker schaumig schlagen und den Schmand daruntergeben. Die Masse über die Beeren streichen und den Kuchen noch einmal ¼ Stunde backen.

(Rezept von Doris Grebe)

Schröggelsuppe

Wollgeschmack brenget Beddelsack

Das Waldecksche Upland, aus dem diese Speise stammt, war noch in den siebziger Jahren des vorigen Jahrhunderts eine gottverlassene und arme Gegend. Die alten Leute wissen zu berichten, wie noch Jahr für Jahr die Sensen- und Flegelmänner und Abnehmefrauen von „Usselen", „Willijen" und Schwalefeld gen Süden zogen, den wohlhabenderen Bauern im Unterland die ganze Halmfrucht „abnahmen, einscheuerten und auskloppten". Aber auch wie sie dann Ende September in ihre „hungrige Hagepotteken- und Preußelbeer-Wildnis" zurückkehrten, um noch vor Einbruch der sehr langen und schneereichen Winter ihre eigene kümmerliche Ernte unter Dach und Fach zu bringen.

Die Böden waren karg und unfruchtbar. Der einzige Ausweg aus der großen Not war die Weidewirtschaft. Entsprechend kärglich waren die Speisen. Bis weit ins vorige Jahrhundert hinein trank man noch keinen Kaffee; man kannte

auch kein Mittag- oder Abendessen im heutigen Sinn. Man aß Mehlbrei und saure Milch mit „Brocken" drin, und „Zoppe", die Schröggelsuppe (gebrannte Mehlsuppe) oder „Soupen", steif gekochte Suppe aus Süß- oder Plundermilch. Kartoffeln kamen erst später dazu.

Vieles aus der vermeintlich guten alten Zeit ist zusammengetragen worden im Heimatmuseum Usseln. Hier sind nicht nur die Gegenstände der ländlichen Arbeit und der Beschäftigung im Hause - wie etwa die Tätigkeit am Webstuhl - zu sehen, sondern auch eine Fotodokumentation, die den Weg vom armen Bauerndorf zum heilklimatischen Kurort aufzeigt.

Zutaten:

125 g Mehl,
$1\frac{1}{2}$ l Fleischbrühe,
300 g Kartoffeln,
gekörnte Brühe, Salz,
200 g Habermegger
(luftgetrocknete Mettwurst).

Zubereitung:

Mehl in einer trockenen Eisenpfanne hellbraun rösten und dann mit der Fleischbrühe aufkochen.
Rohe Kartoffeln in Würfel schneiden, dazugeben und garkochen. Mit Brühe und Salz abschmecken. Zuletzt die Wurst in kleine Würfel schneiden und in der Suppe ziehen lassen.

(Rezept von Renate Wilke und Gerda Schober)

Ofenkuchen

Wann me rund herum sat is, kann me für allemanns Dööre nach Pankauken etten

Geht man durch die engen Gassen von Mengeringhausen, dann wird man angezogen von den reizvollen Fachwerkhäusern, den Bürgerbauten und Bauernhäusern, und man wird verstehen, warum die 750jährige Stadt das Prädikat „bunte Fachwerkstadt" erhalten hat.
In der an Historie so reichen Stadt werden die Erinnerungen an verflossene Zeiten besonders liebevoll bewahrt. Eine solche Geschichtspflege gilt dem 1556 in Mengeringhausen geborenen nachmaligen Wortführer der reformierten Pfarrer in Waldeck, Philipp Nikolai, der als Autor des Liedes „Wie schön leuchtet der Morgenstern" der Nachwelt ein Begriff ist.
Bekannt ist auch, daß der große Bach den Mystiker Nikolai sehr schätzte und über seine bekannten Choräle eine Kantate schrieb.
Eine Kunst ganz anderer Art wird heute noch - oder besser gesagt: wieder - in der Region gepflegt: die Stickerei, die sich so ganz von der unterscheidet, die man gemeinhin aus der Schwalm und aus Oberhessen kennt. Der Pflege dieser Volkskunst nimmt sich vor allem Frau Erika Brand an, die in den letzten Jahren in zahlreichen Kursen Frauen und Mädchen in den verschiedenen landestypischen Techniken im Sticken von Tischdecken, Kissen, Servietten, Blusen, Taschentüchern und vor allen Dingen den blaugrundigen Kitteln unterwies. Diese Kittel gehörten bis vor wenigen Jahrzehnten zum Erscheinungsbild der Männer in Waldeck.

Zutaten:

6 Pfund Kartoffeln,
1 Zwiebel, ½ l Milch,
1 Prise Salz, 4 Eier,
½ Pfund Mehl, Speckschwarte.

Zubereitung:

Rohe Kartoffeln feinreiben und mit der ebenfalls geriebenen Zwiebel vermengen. Mit heißer Milch übergießen, ganze Eier, Salz, Mehl daruntermengen.
Heiße Ofenkuchenplatte bzw. Pfanne mit Speckschwarte einreiben und löffelweise den Ofenkuchenteig aufschöpfen – zwei Eßlöffel voll ergeben einen Ofenkuchen. Von beiden Seiten braten und auf einer heißen Platte kurz trocknen lassen. Heiß servieren und mit frischer Butter bestreichen. Sehr gut schmeckt auch Rübensirup dazu, den man in Waldeck „schwarzen Honig" nennt.
(Rezept von Doris Meuser)

Zwetschenmus

**„Quätschenmus, daos es' so gutt wie Baotter",
sait immer schonn main Modder**

„Waldeck fällt nach allen Seiten steil ab, und wenn die Böschung noch so steil war, ein Zwetschenbaum wuchs immer noch", urteilt ein Heimatfreund, und er hat recht. In Waldeck gab es viele, unendlich viele. So hießen die Einwohner oft „Waldecker Quetschenfresser".

Die Zwetsche hat früher in der Ernährung eine bedeutende Rolle gespielt. Besonders das Zwetschenmus war im wahrsten Sinne des Wortes in aller Munde. Einmal im Jahr, wenn nach dem ersten Frost die Zwetschen die beste Reife hatten, wurde Zwetschenmus gekocht. Zwetschenmus war auch eine beliebte Speise, wenn die Arbeit auf dem Feld wartete. Man nahm das Mus mit und verkostete es während der Mittagspause.

Selbstgebackene Zwetschenkuchen waren ebenfalls beliebt. Sie stehen heute wieder hoch im Kurs. Weniger bekannt sind allerdings die gedörrten Zwetschen, die als Beispeise zu Milchsuppe und Gerstensuppe gereicht wurden. Auf kleinen Horden aus Weidengeflecht wurden sie ausgebreitet und dann in der Nachwärme nach dem Brotbacken im Dorfbackhaus gedörrt. Der Dörrvorgang konnte aber auch im heimischen Küchenherd vorgenommen werden, wenn das Feuer nicht gar zu heiß war. In kleinen luftdurchlässigen Säckchen aufbewahrt, bildeten die gedörrten Zwetschen – genau wie die „Hutzeln" aus Birnen und Äpfeln – einen unentbehrlichen Wintervorrat und halfen mit, den kargen Küchenzettel etwas abwechslungsreicher zu gestalten.

Zutaten:

6 Pfund Zwetschen,
2 Pfund Zucker,
Anis, Zimt, Nelken.

Zubereitung:

Zwetschen entsteinen, nicht durchdrehen. Mit dem Zucker in einem Topf über Nacht stehenlassen. Am anderen Tag langsam fertig kochen, ohne zu rühren. Mit Anis, Zimt, Nelken würzen.

(Rezept von Ella Kelling)

Waldecker Südfrüchte

Woo me sick nit saat ittet, do lekket me sick auk nit saat

In einem Waldecker Dorf fragt eine Frau die Nachbarin: „Wos wullt där dann hedde kochen?" Darauf die Nachbarin: „Mär wounn Mären kochen." Darauf die Fragestellerin: „Mär öh!" Eine dritte, die dazukommt: „Jo, öh!" Eine andere Frau blickt aus dem Fenster und hört die Unterhaltung der drei Nachbarinnen. Als sie vernimmt, daß alle drei Möhrensuppe kochen wollen, ruft sie verwundert: „Ach du liewer Gott, dann kochense woll im ganzen waldeckschen Lande hedde Mären?" Einer noch größeren Beliebtheit erfreuen sich die Steckrüben. Sie heißen in Waldeck Unterkohlrabi. Diese Steckrüben werden mit Pfeffer und Salz scharf gewürzt. Wohl wegen dieser exotischen Aufbereitung wird die Nationalspeise „Waldecker Südfrüchte" genannt. Seit den letzten Jahrzehnten des 18. Jahrhunderts hat sich der Anbau von Blatt- und Hackfrüchten auf dem Brachfeld durchgesetzt. Was den Bewohnern nicht als Nahrung diente, wurde an das Vieh verfüttert. Überhaupt hat die Viehzucht in den Hochflächen des Uplandes und den von der Natur nicht sonderlich verwöhnten Gegenden Waldecks eine große Rolle gespielt. Die für die Landwirtschaft nur schwer zu bearbeitenden Böden wurden als Wiesen- und Weideflächen genutzt. Aber auch in Gemeinden mit geringem Wiesenanteil gab es viele Rindviehbestände, denn die kleinbäuerlichen Betriebe benutzten Kühe und Ochsen als Zugvieh. Hinzu kam, daß man auf die Milch als verkaufbares Produkt angewiesen war.

Zutaten:

750g Steckrüben,
600g Kartoffeln,
¾ Pfund Fleisch (je nach Geschmack vom Rind, Schwein oder Hammel),
Salz, Pfeffer,
evtl. Speck.

Zubereitung:

Steckrüben schälen, schneiden und waschen, Fleisch am Stück mit Salz ½ Stunde kochen. Steckrüben auf das Fleisch geben und beides zusammen noch 1½ Stunden kochen. Fleisch herausnehmen und in Scheiben schneiden. Steckrüben stampfen, mit Pfeffer und Salz würzen. Die Waldecker Südfrüchte neben dem Fleisch anrichten. Nach Geschmack noch etwas ausgelassenen Speck darübergeben.

(Rezept von Inge Pohlmann)

Gänseklein

**Wamme ittet ehr me ittet,
dann brunket me nit te etten, wamme ittet**

Auf dem Lande lebte man hauptsächlich von dem, was man selbst erzeugte. Die Resteverwertung war die Kunst jeder Hausfrau. So ist auch das hier wiedergegebene Rezept zu verstehen.
Da allerdings gerade die einfache Kost oft besonders gut schmeckt, kamen manche Gerichte auch auf den Tisch der besseren Herrschaften.
Deftig getafelt wurde zum Beispiel im letzten Jahrhundert auf Schloß Reckenberg, einem verwunschenen Anwesen im Orketal. 1873 hatte Reichsgerichtsrat Friedrich von Forcade de Biaix den Besitz erworben. Er und seine Frau, die schöne Isabella von Forcade, waren berühmt für ihre prächtigen Feste. Aber auch viel einfaches, lustiges Völkchen trieb sich im Schloßpark herum.
Wenn der Vater von Isabella, der Baron von Romberg aus dem Münsterland, seine Tochter besuchte, war immer etwas los. Er ist für seine Streiche auch als „toller Bomberg" literarisch bekanntgeworden.
Häufig hatte er unterwegs einige „Speckmusikanten" aufgelesen, die für ein Stück Brot und ein tüchtiges Stück Speck auf den Dörfern aufspielten.
Dann wurde das Gesinde geweckt, es mußte Wein und eine gute Mahlzeit aufgetischt werden, und die verwegenen Gesellen ließen sich's noch tagelang gutgehen im Schloßpark. Manche Gans mußte daran glauben, und die Reste wurden zu deftigen Gerichten wie Gänseklein verarbeitet.

Zutaten:

Kleinfleisch einer Gans (Hals, Flügel, Herz, Magen), Salz, Suppengemüse, Gewürzdose (Salz, Pfeffer, Lorbeerblatt)
500g Birnenachtel oder
125g Backobst,
1 Nelke, 1 Stück Zimt,
30g Zucker, ½ l Wasser,
20g Mehl, ⅜ l Gänseblut,
Essig zum Abschmecken

Zubereitung:

Das Fleisch mit kochendem Wasser, Salz und Suppengemüse aufsetzen und weichkochen. Backobst mit Nelke, Zimt, Zukker schmoren. Das Fleisch aus der Kochbrühe nehmen, Backobst hineingeben und mit Mehl andicken. Das heiße Blut dazugießen, mit Essig abschmecken und das Gänseklein auf dem heißen Fleisch anrichten. Dazu schmecken Salzkartoffeln oder Klöße.

*(Rezept von
Elisabeth Schultze)*

Wildsuppe

Midde leddigem Panzen is nit gut danzen

„Die Stadt im Walde" - wie sich Arolsen selbstbewußt nennt - ist ein Paradebeispiel barocker Baukunst. Auf dem Grund eines mittelalterlichen Klosters ließen die Waldecker Grafen darauf ein Schloß errichten und beauftragten mit der Planung den seinerzeit in der Gunst der deutschen Fürsten stehenden Baumeister Julius Ludwig Rothweil. Er baute auch die Schlösser in Hanau, Weilburg, Hachenburg und Pyrmont. Die Fürstenfamilie, die bereits 1720 Einzug in das noch unvollendete Schloß hielt, erhob Arolsen zu ihrer neuen Residenz. Nicht nur im Schloßbau, auch im Hofleben nahmen sie das französische Versailles zum Vorbild, das alle deutschen Fürsten dieser Zeit mit mehr oder weniger Aufwand nachzueifern pflegten.

Noch heute lebt die fürstliche Familie von Waldeck und Pyrmont in der ehemaligen Residenz Arolsen. Einen Hauch von vergangenen Tagen erlebten die Arolser 1988 anläßlich der Hochzeit von Wittekind Prinz zu Waldeck und Pyrmont: er ehelichte die österreichische Gräfin Cäcilia Goeß-Saurau und feierte mit allem Pomp und 260 Gästen aus dem europäischen Hochadel.

Die Stadt Arolsen selbst wurde 1719 gegründet. Ansiedlern sagte man eine unentgeltliche Überlassung von Grundstücken, Gewerbe- und Religionsfreiheit und eine 15jährige Abgabefreiheit zu. Die Siedler mußten ein Vermögen von 1000 Gulden nachweisen, damit Arolsen nicht „mit unvermögenden Einwohnern angefüllt werde". Entsprechend sind auch die Bürgerhäuser gebaut und ausgestattet gewesen.

Zutaten:

500 g Wildknochen,
je 50 g Zwiebeln, Lauch, Sellerie, Möhren,
5 g Nelken, 2 Lorbeerblätter,
5 g Wacholder,
3 g Pfeffer, 1 TL Salz,
2 cl Cognac, 50 g Tomatenmark,
40 g Butter, 150 g Mehl,
¼ l Wildkraftbrühe,
20 g Spitzmorcheln,
70 g Wildfleischeinlage,
2 cl Rotwein, 2 cl Madeira.

Zubereitung:

Knochen in Butter anrösten. Möhren, Sellerie, Zwiebeln und Tomatenmark zugeben. Mit Cognac flambieren. Lauch hinzu, mit Mehl anstäuben und mit Wildbrühe auffüllen.

Mit Rotwein und Madeira verfeinern. Durch ein feines Sieb passieren. Als Einlage: kleingehackte Spitzmorcheln und Wildfleisch.

Vor dem Servieren eine Sahnehaube auf die Wildsuppe geben. Als Garnitur eine ganze Spitzmorchel und etwas Dill.

(Rezept von Gerhard Ritter)

Wildunger Creme

Sammet am Kraagen, Kleien im Maagen

Die heilkräftigen Quellen von Wildungen ziehen jährlich Tausende an. Zwei Wildunger Quellen wurden schon im 14. Jahrhundert getrunken, nachdem aufgefallen war, daß man „in der gantzen Stadt keinen darin gebohrenen Menschen (fand), der mit dem Blasen-Stein befallen" war. Bereits 1540 entwickelte sich ein Kur- und Badebetrieb, 1572 erfolgte die Errichtung eines ersten offenen Brunnenhäuschens, und von da an entwickelte sich das einstmals verträumte Ackerbürgerstädtchen zu einem Treffpunkt nicht nur der kranken und leidenden Menschen. Der Aufschwung setzte so richtig erst ab 1843 ein, nach der Verstaatlichung des Kurbetriebes. Seit 1906 ist Wildungen Bad, und heute gilt die Stadt nach Oberstdorf als der meistbesuchte Fremdenverkehrsort in der Bundesrepublik.

Vertreter des internationalen Hochadels waren ab der zweiten Hälfte des vorigen Jahrhunderts ständige Gäste in Wildungen. Entsprechend waren auch die Einrichtungen des Hotel- und Gaststättengewerbes, z. B. der „Fürstenhof", das wohl renommierteste Hotel, das von der einst großen Zeit kündet. Aber auch das städtische Museum am Quellenpark birgt zahlreiche Kostbarkeiten des fürstlichen Badebetriebes vor und nach der Jahrhundertwende. So zeigt es unter anderem eine Badestube aus dem Mittelalter und eine historische Küche.

Aus der Wildunger Belle Epoque stammt das hier wiedergegebene Gericht, das 1884 anläßlich des 25jährigen Regierungsjubiläums von Kaiser Wilhelm II. serviert wurde. Es ist allerdings nur die Nachspeise eines viel opulenteren Menüs.

Zutaten:

4 Eigelb,
60–80 g Zucker,
5–6 Blatt Gelatine,
¼ l Milch, ¼ l Schlagsahne,
Mark von halber Vanilleschote,
2 EL frisches Maronenpüree,
2 EL kandierte Früchte,
2 EL Rosinen in Madeira,
etwas Orangenzeste,
zur Verzierung Schokoladensauce, Krokantstreusel und Schokoraspeln.

Zubereitung:

Eigelb und Zucker schaumig rühren. Milch dazugeben und die Zutaten über heißem Wasserbad zu einer festeren Masse aufschlagen. In kaltem Wasser eingeweichte Gelatine darunterrühren und nacheinander Vanilleschote, Maronen, kandierte Früchte, Rosinen und Orangenzeste hinzufügen. Die Masse 1½ Stunden im Kühlschrank stocken lassen. Nun steifgeschlagene Sahne unterziehen, die Creme in Portionsschalen füllen und auf einen Teller stürzen. Mit Schokoladensauce, Krokantstreuseln und Schokoraspeln verzieren.

(Rezept von Gerhard Ritter, Neues Kurhaus Bad Wildungen)

Edderlachs

Die Eder gibt viel herrlich Fisch, sie zieren wohl eines Fürsten Tisch

Im 17. Jahrhundert rühmte der Chronist Johann Justus Winckelmann bereits den Fischreichtum der Eder. Zu den „viel herrlich Fisch" gehörte auch der Lachs, den es im vorigen Jahrhundert in so großen Mengen gab, daß die Knechte und Mägde von den Mühlen an der Eder sich auserbaten, daß es wöchentlich höchstens zweimal Lachs zu essen gäbe! Der Fischreichtum der Eder hat das Gewässer zu einem Paradies für Sportangler werden lassen. Neben dem Lachs gehörte der Aal zum fischbaren Bewohner der Eder.

Die Eder entspringt dem Rothaargebirge und fließt über 153 km durch Waldeck und Niederhessen zu ihrer Mündung in die Fulda und von dort in die Weser. Um die Weser und den Mittellandkanal auch in trockenen Jahreszeiten schiffbar zu halten und die Hochwassergefahren am Unterlauf der Eder und an der Fulda zu mindern, wurde von 1909–1914 die Edertalsperre gebaut. Drei Dörfer gingen in den Fluten unter. Die Bewohner waren vorher an anderen Stellen neu angesiedelt worden. Der Edersee zählt zu den drei größten Stauseen in Deutschland.

Über dem Edersee thront die mächtige Festung, das Schloß Waldeck, um das Jahr 1000 entstanden. Die Grafen von Waldeck residierten hier bis 1665. Danach verlegten sie ihre Residenz nach Arolsen und nutzten die Schloßanlage nur noch als Fruchtspeicher und Zeughaus. Lange Zeit war Schloß Waldeck auch Zucht- und Arbeitshaus.

Zutaten:

720g Lachs,
2–3 Stangen Lauch,
40g Butter,
40g Mehl,
½ l Lauchfond,
etwas Sahne,
Salz, Pfeffer, Prise Muskat.

Zubereitung:

Lachsfilet in ca. 90 g große Stükke schneiden (für jede Person 2 Stücke), Lauch waschen, vierteln, in gleich große Blättchen schneiden. Den Lauch in starkem Salzwasser blanchieren und unter fließend kaltem Wasser wieder abkühlen.

Aus der Butter und dem Mehl eine Mehlschwitze herstellen, mit Lauchfond auffüllen und ca. 10 Minuten auskochen lassen. Mit Salz, Pfeffer und Muskat abschmecken und mit etwas Sahne verfeinern.

Soße auf den Lauch passieren und nochmals aufkochen.

Lachsstücke mit Salz und Pfeffer würzen und in Butter bei schwacher Hitze braten.

Lauchgemüse auf einen heißen Teller geben, Lachs obenauf setzen und mit einem Kerbelsträußchen garnieren.

Als Beilage: Salzkartoffeln.

(Rezept von Frank Baumann, Schloßhotel Waldeck)

Histörchen aus dem Waldecker Land

(Auszüge aus dem Waldeckischen Landeskalender 1989)

Mahlzeiten mit dem Gesinde

Auf manchen Höfen waren die Standesunterschiede zwischen der Herrschaft und dem Gesinde auch in den Kochtöpfen gang und gäbe; auf den Tisch kamen zweierlei Schüsseln: eine für „oben" und eine für „unten". Beim Bauern B. gab es das nicht, auf seinen Tisch kam ein Gericht für alle in einem großen Topf, der reihum gereicht wurde, nur das strenge Auge des „Hären" wachte über das Zulangen. Der Kleinknecht L. hatte immer gewaltigen Hunger und mußte auch, da er noch im Wachsen war und schwer zu arbeiten hatte, bei Kräften bleiben. Beim Aufschöpfen des Eintopf-Essens nahm er ungeniert „oben ab", um sich mit der Suppe etwas Fett auf den Teller zu füllen. Dem Bauern mißfiel das:
„L., du most ungene rutschöppen, do sittet dat Fett!"

Der junge Mann, nicht auf Mund und Kopf gefallen, antwortete prompt:
„Ach, Häre, ick nämme liewer owene aff, ick ätte nämlik nit gerne Fett."
Ein alter Bauernspruch heißt: Surmaus un Speck maket den Buren keck.

Zwiegespräch in der Hochzeitsnacht

In Rocklinghausen hatte es Bauer P. nach langen Jahren der Suche endlich geschafft, eine junge Frau heimzuführen. Nachdem alle Gäste den Hof, der idyllisch im Walde zwischen Berndorf und Oberwarolдern liegt, verlassen hatten, stand der Frischvermählte noch etwas unschlüssig am offenen Fenster des Schlafgemachs, er hielt seine breiten Hosenträger umklammert und die laue Vollmondnacht für ein gutes Omen:
„Wiesken (Luise), gläubest du dann, dat mi beiden auk mol Kingere krieget?"

Sein Wiesken: „Du olle Klobes, wenn du do am Fenstere stohn bliewest, wirdet woll midde Kingeren niks wären."

Der Kaffeekerl und seine Buchführung

Wenn der Kaffeehändler Scheld durchs Dorf zog, so war das für uns Kinder etwas Besonderes. Er kannte alle seine Kundinnen persönlich, gewährte ihnen sogar Kredit, wenn sie kein Bargeld hatten und anschreiben lassen mußten. Es war für ihn jedoch recht schwierig, sich die Namen einzuprägen, zumal auch an den Haustüren kein hilfreiches Namensschild prangte; es war vielmehr Sitte, bei Abwesenheit einen Besen hinter den Türgriff zu stellen. (Pack an der Dööre).

Meine Mutter hatte einmal Gelegenheit, in die Kladde des Kaffeekerls zu schauen, und sah dort erstaunliche Aufzeichnungen, die eine gute Beobachtungsgabe des Händlers widerspiegelten. Statt der Namen, die er nicht kannte oder sich nicht merken konnte, war in seiner Buchführung zu lesen:

Die Dicke am Berge,
die Frau mit dem Hintertürengesicht,
die Frau mit dem breiten Maul
usw.

Mit Rücksicht auf die Nachkommen der so charakterisierten Damen werden ihre wirklichen Namen diskret verschwiegen. Dr. Ernst Wilke

IX Kerniges aus Waldhessen

„Waldhessen“ ist eine erst wenige Jahre alte Neuschöpfung von Touristikfachleuten. Im wesentlichen umfaßt es das Gebiet des 1972 entstandenen Großkreises Hersfeld-Rotenburg.
Er nennt sich der wald- und grünflächenreichste Landkreis in Hessen, ist fast 1100 Quadratkilometer groß und hat rund 125.000 Einwohner. In die Mittelgebirgslandschaft an Werra und Fulda ragen die bis zu 634 Meter hohen Ausläufer der Rhön und des Thüringer Waldes. Die größten Arbeitgeber sind Kali und Salz in Heringen und Philippsthal mit ihrem bis in 1000 Meter Tiefe reichenden Bolzenbergbau und der Fremdenverkehr. 1,1 Millionen Übernachtungen werden zur Zeit im Jahr gezählt. In dem neuen Großkreis Hersfeld-Rotenburg gibt es zahlreiche Burgen und Schlösser oder deren Ruinen, z. B. die Burg Herzberg in Breitenbach, die restaurierte Wasserburg Friedewald mit ihrem Schloß oder das Schloß in Philippsthal. Im Naturschutzgebiet in Rhädern bei Wildeck trifft man auch noch Störche und andere seltene Vögel.

Land und Leute in Waldhessen

„Ein Kreuz… In einer Specialgeographie von Kurhessen finde ich gegen hundert Hügelzüge, Berge, Wälder verzeichnet, mit denen sich ein das Allgemeine zusammenfassendes Wissen nicht belasten kann", so schrieb der Geographieprofessor Hermann Adalbert Daniel resignierend in einem vielhundertseitigen Werk.

Der Waldreichtum des Berglandes ist durch die Armut der Böden (Buntsandstein und Basaltschutt) bestimmt. Lößlehmböden in den Beckenlandschaften und der Auelehm in den Tälern machen eine Ausnahme. Hier haben die bösen Nachbarn den Spruch von den Hessen geprägt: „Im Lande Hessen gibt es große Schüsseln und nichts zu essen – Wenn Schlehen und Holzäpfel nicht geraten, haben sie nichts zu sieden und zu braten." Einen gewissen Ausgleich zur mageren Landwirtschaft bot ehedem die Leinenweberei, die Schafhaltung und die Wollerzeugung sowie der Bergbau, vor allem der Kupferschieferbergbau im Norden der Region. Obwohl schon früh besiedelt – Bonifatius gründete auf fränkischem Königsland das Kloster Fulda, sein Nachfolger Lullus auf dem Mainzer Bischofssitz das Kloster Hersfeld, das an wichtigen Handelswegen von Frankfurt nach Leipzig gelegen war – verlor im 19. Jahrhundert die Gegend an Bedeutung. „Die vergessene Ecke" nannten es die Reiseschriftsteller des 19. Jahrhunderts. In den letzten Jahrzehnten hat sich aber Waldhessen zu einem vielbesuchten Urlaubsziel für Erholungssuchende aus ganz Deutschland und aus dem Ausland entwickelt. Ein wesentlicher Faktor ist natürlich ein gutes Essen – Hausmannskost, versteht sich.

Zwar war die heimische Küche nie Ort opulenter kulinarischer Genüsse – ausgenommen vielleicht Hersfeld. Was aber die Hausfrauen an abwechslungsreichen Speisen aus der Küche auf den Tisch brachten, hat viel an Originalität und Schmackhaftigkeit. Was davon heute noch gerne zubereitet und gegessen wird, zeigen Michaele Scherenberg und Karl-Heinz Stier – diesmal mit dem Ruderboot auf der Fulda unterwegs – auf den folgenden Seiten auf, getreu dem heimischen Wahlspruch:

„Wenn's ‚Suuren Kohl' regnet und ‚Schlemperworscht' schneit, dann wär' mir's am liebsten, daß's Wetter so bleibt."

Lumpen und Flöh'

**Wann me ißt eh' me ißt,
dann kann me net essen – wann me ißt!**

Rotenburg im Fuldatal kann an kulturgeschichtlichen Reizen durchaus mit dem fränkischen Rotenburg ob der Tauber konkurrieren. Sie hat das weitläufige Schloß, einen prächtigen Renaissancebau, die Stiftskirche, behäbige Fachwerkbauten, wie die Landvogtei aus dem Jahre 1555, eindrucksvolle Reste der ehemaligen Stadtbefestigung mit dem Hexenturm und die Anlage für einen Straßenmarkt.

Rotenburg verdankt seine Bedeutung zweifelsohne einer delikaten Affäre des hessischen Fürstengeschlechtes. Die Reichsabtei Hersfeld kam 1432 unter die Schutzhoheit der hessischen Landgrafen, deren bedeutendster Vertreter Philipp der Großmütige war. Dieser überzeugte Anhänger der neuen lutherischen Lehre führte die Reformation in seinem Territorium ein, stieß aber der protestantischen Partei vor den Kopf; er spielte sich als Bigamist der kaiserlichen Justiz in die Hände, als er seine berühmt-berüchtigte Doppelehe schloß. Schon lange war er seiner Frau entfremdet, als er das Hoffräulein Margarete von der Saale kennen und lieben lernte. Luther und Melanchthon gaben widerstrebend ihre Einwilligung zu dieser „Ehe zur linken Hand", wie man dies damals umschrieb. Philipps Testament teilte die Landgrafschaft unter den vier legitimen Söhnen auf, und Rotenburg wurde zum Hauptort der mit einem Viertel (Rotenburger Quart) abgefundenen Nebenlinie der Landgrafen von Hessen, die 1834 ausstarb.

„Bornschisser" nennen die Waldhessen wenig respektierlich die Rotenburger. Wenig von höfischer Etikette verrät auch die Nationalspeise „Lumpen und Flöh'".

Zutaten:

750 g Weißkraut,
500 g magerer Speck,
500 g Kartoffeln,
3 dicke Zwiebeln,
180 g Schinkenspeck zum Andünsten,
3 EL Kümmel,
1 EL Salz,
ca. 1 l Brühe,
evtl. 3 EL Schmand.

Zubereitung:

Weißkraut und mageren Speck in Stücke schneiden, in die Brühe geben, mit Salz, Pfeffer und reichlich Kümmel würzen und garen lassen. Vor dem Servieren Zwiebeln in Speckwürfeln andünsten, mit Mehl abstäuben, evtl. mit Schmand auffüllen und in die „Lumpen und Flöh'" rühren. Eventuell mit Schmand auffüllen.

*(Rezept von
Anneliese Deutsch-Hucke)*

Geriebener Brei

Wann me röndrem soat es, kann me ver jedermanns Deer Pannkuchen geß'

Friedewald besitzt eine beachtliche Burganlage, die den hessischen Landgrafen als Verwaltungssitz im Hersfelder Gebiet und als beliebtes Jagdschloß im Seulingswald diente.
Seit 1988 gibt es dort wieder das Heimatmuseum für das alte Amt Friedewald. Hier wird nicht nur das ländliche Handwerk und das bäuerliche Arbeitsgerät gezeigt, hier sind auch Küchengerätschaften zu finden, die einen Eindruck von der mühevollen Arbeit der Hausfrau in früheren Epochen vermitteln.
Aber auch gute Bestände der heimischen Tracht sind zu bewundern. Vom Süden her reicht die Tracht des Haunetales in das Gebiet hinein und trägt die Bezeichnung „Hersfelder Tracht". Ihre prächtigste Ausformung hat sie in der Gegend von Schenklengsfeld; sie wird auch als „Landecker Tracht" bezeichnet. Von Norden her drang die niederhessische Tracht in das Gebiet ein, die in der Gegend von Rotenburg und an der Werra (Heringen und Umgebung) von Thüringen herüber beeinflußt wurde. Schon in den zwanziger Jahren verschwanden langsam die niederhessischen Trachten. Nur die Hauben machten eine Ausnahme. Als die Tracht schon lange nicht mehr von Frauen getragen wurde, galt die Haube noch als Relikt ehemaliger Kleidermode.
Die Hersfelder Tracht wird in einigen Dörfern heute noch von älteren Frauen getragen, in gedeckten Farben: braun, blau und schwarz bzw. grau.

Zutaten:

1 1/2 l Milch,
4 Kartoffeln,
100 g Speck,
3 EL Schmand.

Zubereitung:

Geriebene rohe Kartoffeln mit der Kartoffelbrühe in heiße Milch gießen, 10 Minuten kochen lassen, dabei immer wieder umrühren. Speck auslassen, mit Schmand auffüllen und zum geriebenen Brei reichen. Jeder schöpft sich davon nach Geschmack auf seinen „gerewwenen Brei".

(Rezept von Inge Hüchel und Lisbeth Bätz)

Schmandkuchen

Mit 'nem leeren Panzen (Magen) es net gut danzen

„Nur Wohlgeschmack bringt Bettelsack", heißt heute noch oft eine Redewendung in Iba, einem Stadtteil von Bebra. Sie will sagen, daß nicht jeder Tag Feiertag ist. Gutes Essen und Trinken war den Feier- und Festtagen vorbehalten. Zu den Köstlichkeiten, die an einem ländlichen Festtag, wie der Hochzeit, verzehrt wurden, gehörte der Schmandkuchen, eine Art Nationalspeise in Waldhessen.

Eine gute wirtschaftliche Grundlage war Voraussetzung für die Ehe. Die Ehen wurden vielfach von den Eltern der jungen Leute geplant, und so mancher zukünftige Bräutigam hatte im Hof, in den er einheiraten sollte, zuerst die Kühe im Stall besichtigt und dann erst die Braut!

Hatte sich der Bräutigam selbst seine Braut ausgesucht und machte seine Aufwartung bei den zukünftigen Schwiegereltern, dann fand ein immer wiederkehrendes Ritual statt: wurde er von den Brauteltern im Haus mit Wurst bewirtet, dann war er willkommen, gab es aber nur Kaffee und Kuchen, dann konnte er davon ausgehen, daß sein Werben nicht erhört worden war. Hatte er jedoch Erfolg, dann signalisierte beim Verlassen des Hauses ein angestecktes buntes Seidentuch den Kameraden, die auf ihn warteten, den freien Weg in den Hafen der Ehe. Mit lautem Peitschenknallen quittierten dies die Freunde des Bräutigams.

Zubereitung:

Hefeteig auf einem Blech ausrollen, einstechen, gehen lassen. Aus den ersten Belagzutaten einen Pudding kochen, erkalten lassen, Teig damit bestreichen und mit Obst belegen. Zweite Belagzutaten schaumig rühren. Eiweiß unterziehen, auf dem Kuchen verteilen. Bei 180 Grad ½ Stunde backen. Vor dem Servieren den heißen Kuchen nochmals mit Schmand bestreichen, mit Zimt und Zucker bestreuen.

Zutaten:

Teig:
6 Pfund Mehl,
2 Pfund Schrot,
3 Würfel Hefe,
2 l Milch,
3 Prisen Salz,
3 EL Rum,
720 g Fett aus zerlassenem Speck und Schweineschmalz,
640 g Zucker
1. Belag:
3 l Milch, 240 g Stärkemehl, 240 g Zucker, 1 l Schmand, Zwetschen, Stachelbeeren, Äpfel oder Rosinen.
2. Belag:
1 l Schmand, 400 g Zucker, 8 EL Mehl, 8 Eigelb, 8 EL zerlassene Butter, 8 Eischnee

(Rezept von Elise Krapf)

Schnippchen

Immer „Guten Appetit" Egal wos 's gitt …

Die Festtage waren rar in den alten Zeiten, aus denen unsere Rezepte stammen. Die meiste Zeit war angefüllt mit harter Arbeit in Feld und Stall, im Wald und beim Vieh auf der Weide. Und zur Feldarbeit wurden selbst die Kinder herangezogen. Das fing im Frühjahr beim Steinelesen auf den Äckern schon an. Anfang Mai wurden die Kartoffeln gelegt, und dann ging es schon ans Heumachen.

Die Getreideernte verursachte viel Handarbeit, weil die Flügelmähmaschinen zu schwer für ein Kuhgespann waren. So mußte noch bis vor wenigen Jahrzehnten mit dem „Gestell" (Sense mit Bogen) gemäht werden.

Im November kam die Dreschmaschine auf den Hof. Zum Helfen wurden rund 15 Leute benötigt und gedroschen wurde von morgens 6 bis abends 7 Uhr. Noch um die Jahrhundertwende dauerte der Dreschtag von morgens 4 bis abends 8 Uhr, und das bei 1 Mark Tagelohn!

Selbstverständlich wurde bei dieser Arbeit auch ein besonders reichhaltiges Essen geboten, denn die schwere Arbeit machte großen Hunger. Nicht umsonst heißt es von einem, daß er ißt wie ein Drescher. Oder man urteilt hierzulande von einem „Viäälfräß essen wie Scheunendrescher, daß enn Dij dos annere net sieht, und daß dr Damp kemmt".

Als Eßbesteck nahm der Löffel die vorrangige Stelle ein. „Die Gabel bringt Ehr' - der Löffel bringt mehr!" Ein Messer gehörte zu jedem richtigen Mannsbild. Er trug es in der Tasche (Kibb), weswegen man es „Kibbenmesser" nannte.

Zutaten:

3 l Kuhmilch,
4–5 EL Schmand,
Kümmel, Salz, Pfeffer,
Zwiebeln, Schnittlauch,
Petersilie.

Zubereitung:

Kuhmilch sauer werden lassen, dann leicht erwärmen, so daß sich Klümpchen bilden.
Masse durch ein Leintuch gießen und ablaufen lassen. Der Inhalt des Leintuches ist der sogenannte „Madden" (Quark).
Ihn mit Schmand verrühren und mit den restlichen Zutaten würzen.
Schnippchen auf frisches Brot streichen oder zu Pellkartoffeln essen.

(Rezept von Helga Wettich)

Aal in Salbei

Bei dr greßten Arweit dos Essen net vergessen

Zentrum Waldhessens ist Bad Hersfeld, eine Gründung des Bonifatius-Schülers Sturmius. Er rief 736 hier eine Einsiedelei ins Leben, die der Mainzer Erzbischof Lullus 769 in ein Benediktinerkloster umwandelte.
Vom Kloster ist wenig übriggeblieben. Demgegenüber zeugt die Ruine der Stiftskirche von der ehemals so bedeutenden Zeit, ein gigantisches Bauwerk, 1144 geweiht, 1761 niedergebrannt - ein frühes Beispiel „verbrannter Erde".
Die Kirche barg im Siebenjährigen Krieg ein Magazin der Franzosen. Als ein preußischer Angriff drohte, ließ Marschall Broglie das Gotteshaus anzünden, damit die Vorräte nicht in die Hände der Feinde fielen! Wenige Jahrzehnte später: eine noch bedrohlichere Situation. Weihnachten 1806 rückte eine Kompagnie Italiener als napoleonische Hilfstruppe in Hersfeld ein, es gab Streit mit den Bürgern, ein Soldat wurde erschossen, seine geflüchteten Kameraden führte man entwaffnet und im Triumph in die Stadt zurück. Napoleon befahl, Hersfeld an allen vier Ecken anzuzünden und zu plündern. Die Strafe wurde zwar auf das Abbrennen von vier Häusern ermäßigt, die Plünderung blieb aber angedroht. Dies verhinderte der badische Oberstleutnant Johann Baptist Lingg. Er stellte sich vor seine Jäger, schilderte das traurige Schicksal der Bewohner und sagte dann rhetorisch: „Soldaten! Die Erlaubnis zu plündern fängt jetzt an. Wer dazu Lust hat, der trete heraus aus dem Glied!" Niemand rührte sich. Die dankbaren Hersfelder haben ihm ein Denkmal gesetzt. 1941 baute Konrad Zuse hier in Hersfeld die erste programmgesteuerte Rechenanlage, und Konrad Duden, verdient um einheitliche Rechtschreibung und Grammatik, liegt auf dem ältesten Friedhof der Stadt begraben.

Zubereitung:

Den abgezogenen Aal mit Salz abreiben, ausnehmen, abtrocknen. Mit Salbeiblättern und Zwirn dicht umwickeln, den Aal an Kopf und Schwanz zusammenbinden. 50 g Butter erhitzen, Aal kurz anbraten, mit Weißwein ablöschen und 20 Minuten ziehen lassen. Aal herausnehmen und warmstellen. Restliche Butter mit Mehl zu Mehlbutter verkneten. Damit Weinfond binden, mit Sahne verfeinern. Den Zwirn vom Aal entfernen und den Fisch mit Soße und Salzkartoffeln heiß servieren.

Zutaten:

1 frischer Aal (ca. 1000 g),
reichlich frische Salbeiblätter,
80 g Butter,
30 g Mehl,
1/8 l Weißwein,
1/4 l Sahne.

(Rezept von Küchenchef Oskar Kapp, Hotel „Zum Stern").

Schmandcreme

Wenn die Madde was genutzt hätt', wär' sie Butter geworden

Sowohl als Heilbad als auch als Festspielstadt ist Hersfeld weltweit bekannt. Aus bescheidenen Anfängen in der Nachkriegszeit hat sich in der Stiftsruine die hervorragendste Stätte deutschen Freilichttheaters entwickelt. Dem Flair internationalen Theaterlebens entspricht das Angebot der heimischen Gastronomie.
Grundlage ist die traditionsreiche heimische Küche, die hier allerdings nach den Regeln der Nouvelle Cuisine angereichert wurde. Gibt sich während der Festspielzeit das Publikum aus aller Welt ein Stelldichein, so sind die Hersfelder an ihrem Nationalfest, dem Lullusfest, am 10. Oktober mehr unter sich.
Das Fest beginnt mit dem Umzug der Kinder und dem Läuten der uralten bienenkorbartigen Lullusglocke am Vorabend des eigentlichen Ereignisses. Sie gilt als die größte mittelalterliche Glocke in Deutschland. Bis heute ist auch das Anzünden des „Lollsfierche" geblieben, dem am Montag der Lulluswoche der Rechenschaftsbericht des Bürgermeisters vorausgeht. Dann übernimmt für drei Tage der Feuermeister die „Verantwortung" über die Stadt. Wenn das Fierche Schlag 12 nicht brennt, „dann kommt's nach Fulda", das aber weiß der Feuermeister zu verhindern! Mit den Rufen: „Enner, zwoa, dräi, Bruuuder Lolls!" begrüßt die Menge die lodernde Flamme. Damit ist das große Volksfest des Hersfelder Landes eröffnet.

Zutaten:

½ l Schmand,
200 g Zucker,
½ Vanilleschote,
je 4 g rote und weiße Gelatine,
Äpfel, Rosinen, Trauben.

Zubereitung:

Schmand mit Zucker und Vanille 10 Minuten schlagen. Gelatine in Wasser auflösen und dazugeben. Früchte kleinschneiden und untermengen. Die Creme in Schälchen füllen und kaltstellen.

(Rezept von Familie Kniese)

Saumagen

Fleesch es dos beste Gemies

„Eine gute Kuh decket alle Armut zu", sagt ein altes Sprichwort aus Waldhessen. Aber: „Von vielen Dingen tagaus - tagein, ist das Beste zu schlachten ein Schwein." Der Schlachttag war ein wichtiger Tag und wurde in der kälteren Jahreszeit abgehalten. Als Schlachtmonate galten alle Monate, die in ihrem Namen ein „r" enthielten. Kühlräume gab es ja nicht. Deshalb zog sich die Verarbeitung von Fleisch und Knochen über eine gewisse Zeit hin, denn alles mußte gepökelt, gebraten und eingekocht werden, was nicht in kürzerer Zeit verzehrt werden sollte. Und nichts wurde weggeworfen: Schweinefüße, Schweineschwänzchen, Wurstbrühe wurden restlos verwertet.
Ein Schlachtschwein war auch der Stolz eines jeden Korbflechters, von denen es zahlreiche in Waldhessen gab. Die Bewohner ganzer Dörfer haben ehemals sich von der Weidenflechterei ernährt.
Hier und besonders im benachbarten Beiseförth, jenseits der Grenze, nach Melsungen zu, wurden viele

Körbe, Sessel und andere Nutz- und Ziergegenstände geflochten und über ganz Hessen und Westdeutschland vertrieben. Die Korbmacher waren in einer eigenen Zunft zusammengeschlossen, die bis Anfang der fünfziger Jahre bestand. Aber die Ersatzstoffe aus Plastik und anderen Materialien sowie die Billigware aus Fernost haben die heimische Handarbeit und die Korbmacher verdrängt. Nur der Betrieb der Familie Pfetzing in Sterkelshausen hat überlebt und setzt die alte Handwerkertradition fort.

Zutaten:

1 Schweinemagen,
1 kg durchwachsenes Schweinefleisch,
500 g Gehacktes vom Schwein,
3 Stangen „Spanschlauch" (Porree),
250 g Weißbrotwürfel,
Salz, Pfeffer, etwas Majoran,
3 kl. Zehen Knoblauch.

Zubereitung:

Schweinemagen auswaschen, über Nacht in Salz legen und vor Gebrauch noch einmal auswaschen. Gewürfeltes Fleisch, Gehacktes, geschnittenen Lauch, Salz, Pfeffer, Majoran, feingeschnittenen Knoblauch und Brotwürfel vermengen.
Den Schweinemagen mit der Masse füllen und zunähen.
2–3 Stunden in Salzwasser sieden (schmeckt heiß und kalt).

(Rezept von Familie Pfetzing)

Dätscher

Ewwer Kadüffel geht me nix – dos anner Zeich es all Geschlicks

Die Wälder der Gemeinde Wildeck am Richelsdorfer Gebirge sind ein Paradies für Wanderer. Überall wachsen noch heute viele Heidelbeeren, die unter anderem auch zu den knusprigen „Dätschern" gegessen werden. Der Name „Wildeck" erinnert an große historische Zeiten. 1770 ließ Landgraf Konstantin von Hessen-Rothenburg ein prächtiges Jagdschloß im Tal bei Raßdorf errichten. Französische Architekten zeichneten die Pläne – und bald sprach man von einem „hessischen Sanssouci". In den eleganten Speise-, Empfangs- und Gesellschaftsräumen sollen glanzvolle Essen und Tanzeinladungen stattgefunden haben.
Als die Rotenburger Seitenlinie des hessischen Landgrafenhauses erlosch, fielen ihre Besitztümer 1834 an das Haus Kassel. Die Tage für Schloß Wildeck waren gezählt. Das Anwesen verfiel, die Steine wurden fast gänzlich abgetragen. Heute erinnert kaum mehr etwas an die Gebäude und die aufwendigen Parkanlagen. Geblieben ist

nur ein 12 Meter hoher verwitterter Obelisk aus rotem Sandstein. Landgraf Karl Emanuel ließ ihn zu Ehren seiner Gemahlin, der Landgräfin Maria Leopoldina errichten. Aufmerksame Wanderer aber können auch noch heute im ehemaligen Park überwachsene Gartenterrassen oder Tulpenbäume entdecken, die hier einst angelegt und angepflanzt wurden. Früher war der Aufenthalt im Wildecker Forst nicht so ungefährlich: auf den Höhen bei Bosserode lebte eine Räuberbande, deren Anführer sich „Wilde Sau" nannte. Über ihn erzählt man sich viele Geschichten und Legenden. So soll er manchen Raubzug getan, oft aber auch die Beute mit armen, hungrigen Leuten geteilt haben.

Zutaten:

2 kg Kartoffeln,
1 TL Salz,
1 dicke Zwiebel,
3 Eier,
1 EL Haferflocken oder Mehl,
2 EL Schmand.

Zubereitung:

Rohe Kartoffeln waschen, schälen und mit der Zwiebel reiben. Salz, Eier, Haferflocken, Mehl und Schmand darunterrühren. Öl auf eine Dätscherplatte oder in die Pfanne geben, Teig mit einer Kelle aufgeben und die Dätscher von beiden Seiten knusprig braun braten.
Dazu reicht man eingemachte Heidelbeeren.

(Rezept von Elsbeth Schellhaas)

Aufgesetzter

De Zieten war'n schlimmer, doch Dorscht hon mă immer

Der Bergbau im Richelsdorfer Gebirge förderte Kupfer, Kobalt und Schwerspat. Der älteste Zweig des Bergbaues, die Gewinnung des Kupferschiefers, ist 1460 erstmals urkundlich bezeugt und wurde bis zum Jahre 1955 betrieben.

Die hart arbeitenden Bergmänner, die in der damaligen Zeit oft nicht älter als 30 bis 35 Jahre wurden, verdienten gutes Geld, und manches wurde schon am Zahltag in Getränke, meist Schnaps, umgesetzt, um die staubigen Lungen zu spülen. Das um die Arbeitskraft und die Wohlfahrt der Familien besorgte Bergamt erließ 1820 ein „Reglement", worin zu lesen steht: „... daß ein großer Theil der Bergleute nach abgehaltener Auslohnung in die Wirtshäuser geht, um dort das erhaltene Geld zu vertrinken oder zu verspielen, während ihren Familien zu Hause das Nothwendigste fehlt." Deshalb wurden die Bergleute angehalten, „nach beendigter Auslohnung entweder auf seine Arbeit zu fahren, oder nach Hause zu gehen", und „wer am Lohntage in einem Wirtshause getroffen wird, soll das erstemal auf eine entfernte Grube, das zweitemal in ein anderes Revier und das drittemal auf 8 Wochen ganz abgelegt werden".

Auf der Burg Tannenberg, die ehemals den Baumbachs gehörte, ist heute das Heimat- und Bergbaumuseum zu besichtigen. Erinnerung an ein Gewerbe, das ehemals bis zu 5.000 Arbeitern der Region den Broterwerb garantierte.

Zutaten:

2–4 gehäufte EL Zucker,
Johannisbeeren, Heidelbeeren oder Kirschen,
1 l Korn

Zubereitung:

Zucker mit einem Trichter in die Flasche geben, die Früchte bis zum Flaschenhals einfüllen, mit Korn auffüllen und mit einem Korken fest verschließen. An einem hellen Platz einige Monate stehenlassen. Ab und zu schütteln, damit der Zucker sich verteilt. Zu Weihnachten kann der Aufgesetzte probiert werden.

(Rezept von Heinz Probst)

Wildpastete

Lieber essen, trinken, was erwerben als hungern und verderben

Zutaten:

1 Pfund gebratene Wildreste,
je 65 g Butter und Schalotten,
je 60 g Sardellen und Parmesankäse,
50 g abgeschältes Weißbrot,
125 g Speckwürfel,
1 kl. Dose Pfifferlinge,
3 Eier,
1 Messerspitze Pfeffer,
1 EL Salz,
1/8 l Wildbratensoße.

Die Familie von Baumbach treffen wir in Rentershausen wieder. Sie besitzt und bewirtschaftet noch heute das Baumbachsche Familiengut. Die Wildpastete, die wir hier vorstellen, wurde nach alten Familienrezepten zubereitet.
Ehemals war das alte hessische Geschlecht in der Ritterzeit u. a. damit beschäftigt, an den durch Waldhessen ziehenden Handelswegen, den „langen" und „kurzen Hessen", den Kaufleuten Wegegeleit zu geben, denn die Zeiten waren gefährlich, und Raubritter und später streunende Räuberbanden machten den Handelsherren mit ihren kostbaren Waren das Leben schwer.
Später stellte die Familie zahlreiche Militärs und Verwaltungsbeamte im hessischen Staatsdienst.
Von 1760 bis 1770 wohnte der Freiherr von Knigge auf dem Gut in Rentershausen. Er war lange Zeit Hofjunker bei dem Landgrafen in Kassel. Der schriftstellerisch ambitionierte Freiherr schrieb das Buch „Über Umgang mit den Menschen". Ein geschäftstüchtiger

Verleger hatte aber erkannt, daß durch Weglassung und Hinzufügung wichtiger Passagen ein verkaufsträchtiges „Benimmbuch" gemacht werden konnte. Vor diesem Hintergrund ist „Der Knigge" zum Begriff geworden, wenngleich die Anstandsregeln aus der Epoche des Feudalismus heute steif, übertrieben und veraltet erscheinen.
Das Baumbachsche Gut wurde im 19. Jahrhundert zum beliebten Treffpunkt wichtiger Persönlichkeiten, die Freundschaft mit der Familie pflegten. So waren auch die Brüder Grimm des öfteren zu Gast, die in dieser Gegend das Märchen „Die kleinen Leute" aufzeichneten.

Zubereitung:

Bratenreste zweimal durch den Wolf drehen, einige Würfel zurückhalten, Schalotten kleinschneiden, in Butter glasig dünsten. Rührei aus 1 Ei und 2 Dottern rühren, 1 Eiweiß zu Schnee schlagen. Eingeweichtes Weißbrot trocken abdämpfen, mit Schalotten und Rührei durch ein Sieb streichen und zum Fleisch geben. Sardellen, Pfifferlinge und Speck feinschneiden und mit Parmesan, Bratensoße und den restlichen Fleischwürfeln ebenfalls unterrühren. Würzen mit Salz und Pfeffer, Eischnee unterziehen. Kastenform mit Speck oder Backtrennpapier auslegen und zudecken. Wildpastete eine Stunde im Wasserbad kochen.

(Rezept von Ursula Krose von Baumbach)

Histörchen aus Waldhessen

aus „Sagen und Schwänke aus dem Kreise Hersfeld und den angrenzenden Gebieten" von Wilhelm Neuhaus, Hans Ott Verlag, Bad Hersfeld

Die Langen Steine

In der Nähe eines alten Sandsteinbruchs am Stoppelsberge liegen zwei gewaltige Steine, die gut 13 Meter lang sind und schon seit vielen hundert Jahren an dieser Stelle liegen. Man erzählt, die Steine seien ursprünglich zu Säulen für die Stiftskirche in Hersfeld bestimmt gewesen, aber man habe sie schließlich nicht mehr nötig gehabt. – An einem von ihnen soll auch ein Landgraf von Hessen, als er sich auf der Jagd befand, getafelt und dann angeordnet haben, die Steine nach Kassel zu fahren; sie seien aber zu schwer gewesen. – Ein Bauer aus Neukirchen wollte einmal ein Haus bauen und fand, daß sich diese Steine trefflich zum Fundament eignen würden. Er konnte natürlich nicht daran denken, sie fortzuschaffen. Deshalb nahm er Meißel und Hammer zur Hand und begann, einen Stein zu bearbeiten, um zunächst einmal einen kleineren Block abzutrennen. Er hatte auch schon eine tüchtige Fuge hineingetrieben, da erhob sich plötzlich ein Unwetter, und unter Donner und Blitz hörte er eine Stimme vom Himmel, die rief: „Laß deine Hände ab von dem Steine, denn er ist mir heilig!" Da lief er in großem Schrecken nach Hause und hütete sich wohl, seine Arbeit je wieder aufzunehmen.

Die Linde in Schenklengsfeld

Vor vielen hundert Jahren lebte ein Drache auf dem Landecker Berg. Er forderte Opfer von den Dorfbewohnern, bis eines Tages das Los auf das Burgfräulein fiel. Als sie nun dem Drachen schon Aug' in Aug' gegenüberstand, kam der Drachentöter St. Georg des Weges und kämpfte mit dem Ungeheuer, bis es tot umfiel. Er selbst war aber auch so schwer verletzt, daß er starb. Zum Gedenken an seinen Heldentod wurde die Linde in Schenklengsfeld gepflanzt. Ein Gipsbild des Drachentöters ist nebenan im Giebel des Gasthofs „Zur Linde" zu sehen.

Das Nadelöhr

Landgraf Moritz von Hessen hielt einst in Begleitung seiner Gemahlin und vieler Ritter und Herren im Seulingswalde eine große Jagd ab. Der Jagdeifer führte den Fürsten und sein Gefolge immer weiter in den Wald hinein, die Fürstin aber blieb zurück und verirrte sich. Erst nach geraumer Zeit merkte man ihr Fehlen. Alles Rufen war vergeblich. Die ganze Jagdgesellschaft, Landgraf Moritz an der Spitze, eilte über Täler und Höhen, aber nirgends zeigte sich eine Spur. Endlich fanden sie die Fürstin, wie sie mit Nadel und Faden einen Riß an ihrem Kleide ausbesserte, den sie sich im Walde geholt hatte. Zur Erinnerung daran ließ der Landgraf den ausgehöhlten Baum, der hier stand, abhauen und einen durchlöcherten Stein setzen. Er steht an der Landstraße von Friedewald nach Hönebach und heißt das Nadelöhr. Wer daran vorbeigeht, muß, der Kurzweil halber, hindurchkriechen.

X Knuspriges aus dem Marburger Land

Der Landkreis Marburg-Biedenkopf entstand 1974 aus den ehemaligen selbständigen Kreisen Marburg und Biedenkopf und der kreisfreien Stadt Marburg. Auf etwa 1200 Quadratkilometern wohnen ca. 230.000 Einwohner. Die Ausläufer des Rheinischen Schiefergebirges, des Kellerwaldes und die nördlichen Ausläufer des Vogelsberges geben dem Landkreis den Mittelgebirgscharakter. Mit seinen 40 Prozent Waldanteilen bietet er zahlreiche Möglichkeiten für Erholungsuchende in Kneipp-Heilbädern, Luftkurorten und Erholungsorten. Auf den Spuren der Geschichte kann man in der Universitätsstadt Marburg mit Elisabethenkirche, dem Landgrafenschloß und der historischen Altstadt wandeln. Die Marburger Region ist reich an traditionellen Volksfesten, wie z.B. dem Kirschenmarkt in Gladenbach, der Trinitatiskirmes in Neustadt oder dem Grenzgangsfest in Biedenkopf (alle 7 Jahre) – oder bekannt für seine kulturellen Veranstaltungen (z.B. Eckelshausener Musiktage, Marburger Pantomimenfestival und Folklore-Festival).

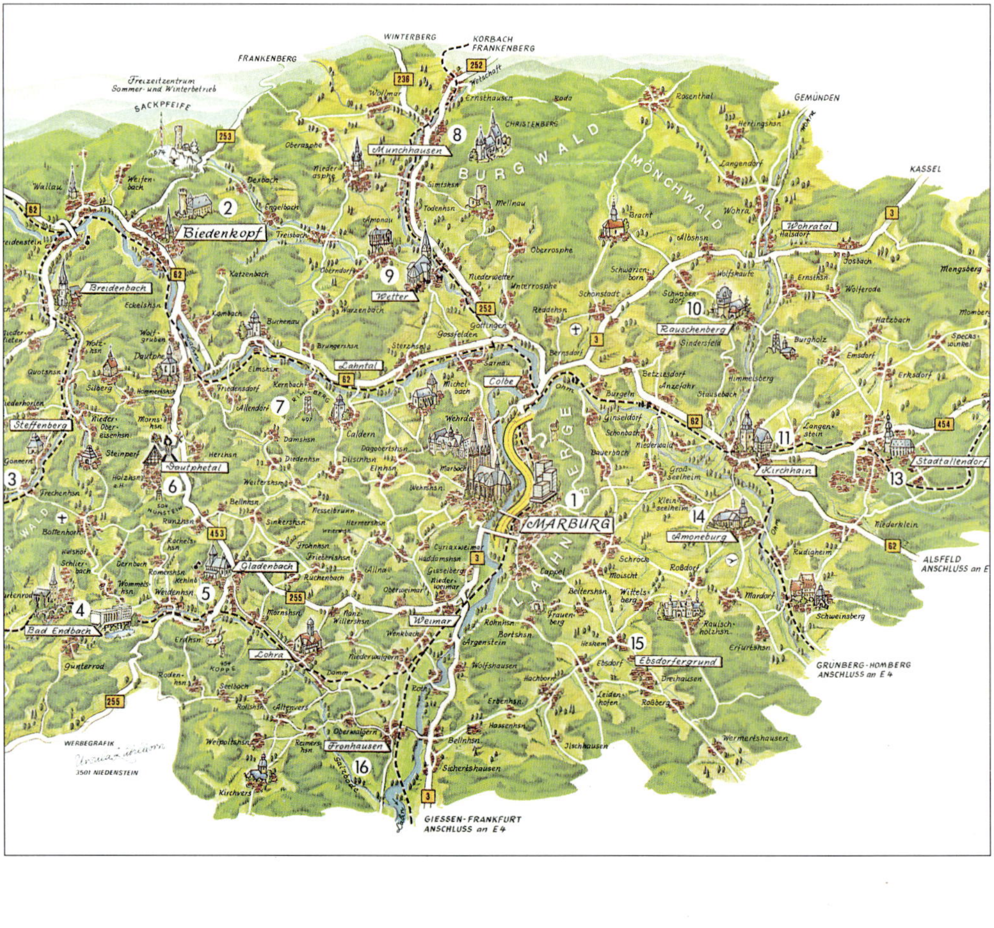

Land und Leute im Marburger Land und Hinterland

Nirgendwo sonst in Hessen gibt es solch reizvolle Berge und Täler, schmucke Fachwerkbauten und bunte Trachten wie im Marburger Land. Hier liegt auch die Wiege Hessens. Eine der beiden Töchter der heiligen Elisabeth, die Herzogin Sophie von Brabant, kehrte nach Marburg zurück und ließ sich in der alten, von den Thüringer Landgrafen erbauten Burg nieder. Die Herzogin sorgte dafür, daß ihr Sohn Heinrich, gen. das Kind, als rechtmäßiger Nachkomme und Erbe seiner Großmutter anerkannt wurde. Zum thüringischen Erbe gehörte nicht nur das mitteldeutsche Land östlich der Werra, sondern vor allem auch Hessen. Am Ende des Kampfes stand die Teilung des Erbes: Sophie erhielt für ihren Sohn die hessischen Lande, und damit begann die Geschichte der Landgrafen von Hessen, in deren Nachfolge heute das Bundesland Hessen steht.
Der spätere Landgraf Philipp der Großmütige teilte dieses Territorium unter seinen Söhnen, und so entstand für eine kurze Epoche die Landgrafschaft Hessen-Marburg.
Zur Region gehört auch das Hessische Hinterland, das Gebiet um Biedenkopf. Seit 1624 gehörte es zu Hessen-Darmstadt. Wegen der peripheren Lage bezeichnete man diese oberhessische Besitzung ganz einfach als das Hinterland.
Der Chronist Dilich urteilt im Jahre 1608 „Von der mäßigkeit der Hessen und zuvörderst von ihres lebens uffenthalt im essen und trincken": „Gleich wie nuhn die Hessen ein sehr arbeitsamb und hart volck, also achten sie sich sehr wenig besonderer leckerbißlein und niedlichkeit der speisen, sondern nuhr allein, welche genugsamb ist zur erhaltung ihrer arbeitsamen leiber, als frisch und geräuchert fleisch, speck, bratwürste, milch, käse, gesaltzene butter, erbsen, rüben auch eingesaltzt sauwer kraut, haffernbrei, bonen und andere hart speisen, wie auch vorweilen die alten Chatten gebrauchet haben. Ihr getranck ist ein gemein dün bier, wiewohl nicht ohne, daß sie auch an etlichen orten auch gute bier brawen ..."
Seit dieser Zeit muß sich aber in der heimischen Küche etwas getan haben. Das beweisen die Speisen und Rezepte, die Michaele Scherenberg und Karl-Heinz Stier – unterwegs mit einem Heinkel-Motorroller (Baujahr 1962) – zusammengetragen haben.

Klisse

**Lieber Mann sei nicht so bös,
ich will dir kochen gute Klös**

Besonders lange hält sich Volkskunst und Brauchtum am Oberlauf der Lahn.
Ein beschauliches Dorf ist dort Eckelshausen mit seinen Fachwerkbauten, die sich hügelan der mittelalterlichen Dorfkirche erstrecken. Eines der attraktiven Anwesen ist der Schartenhof, vor einigen Jahren von der Künstlerin Annemarie Gottfried erworben und restauriert. Sie selbst, eine Schöpferin von Trachtenpuppen und anderem Kunstgewerbe, bietet ihr eigenes und sorgfältig ausgewähltes Kunsthandwerk aus anderen Werkstätten in der „Stuwe", in der ehemaligen Scheune an.
Am Wohnhaus findet man eine im Marburger Land sehr beliebte Technik der Fachwerkauszier: den hessischen Kratzputz. In den Fachwerkfeldern sind die Putzflächen zu Mustern aufgerauht, z. B. als Blumenranken, Ornamente, figürliche Darstellungen, als deftiger Humor und Karikaturen.
Seit einigen Jahren hat diese kunsthandwerkliche Technik eine Renaissance erfahren. Besonders Häuser und Scheunen im Hinterland, der Gegend um Biedenkopf, weisen diese Verzierungen auf.
Bekannt in Eckelshausen sind auch die Musiktage, die alljährlich eine immer größere Zahl von Besuchern anlocken.

Zutaten:

1 kg Kartoffeln,
150 g Speck,
2 große Zwiebeln.

Zubereitung:

Die Hälfte der Kartoffeln am Vortag in der Schale kochen, später pellen und reiben. Die andere Hälfte schälen, roh reiben und die Masse durch ein Tuch fest mit den Händen ausdrücken.
Rohe und gekochte Kartoffeln mit etwas Salz tüchtig verkneten. Aus dem Teig fingergroße Klößchen formen und ca. 20 Minuten in kochendes Salzwasser geben. Speckwürfel auslassen, gehackte Zwiebeln glasig dünsten. Die „Klisse" dazugeben und auf beiden Seiten braten, bis sich kleine Krüstchen gebildet haben. Man ißt die „Klisse" mit der Gabel aus der Pfanne.

(Rezept vom Schartenhof)

Zwiebelsalat

Gruußmäuler mit gruße Hinn kreje en schorwe Seloat!

Der zentrale und geschichtsträchtige Ort im Hinterland ist Biedenkopf mit dem malerischen Landgrafenschloß.

Biedenkopf war schon immer eine Handwerkerstadt: Tuch- und Wolleverarbeitung waren ebenso hier beheimatet wie die Blaufärberei und die metallverarbeitenden Berufe.

Die alte Stadt war drei großen Bränden innerhalb von 100 Jahren ausgesetzt; 1635 wurden 2/3 der Stadt durch Brandstiftung eingeäschert; 1647 plünderten kaiserliche Truppen drei Tage lang die Stadt und zündeten sie dann an. Der große Brand am Jakobitag 1717 legte auch das Rathaus, Pfarrhaus und die Schule in Asche - nur 8 Häuser blieben verschont.

Alle 7 Jahre feiert Biedenkopf sein großes Fest, den historischen Grenzgang. Dieser Grenzgang rührt aus einer Zeit her, als das Vermessungs- und Katasterwesen noch nicht so kultiviert war wie heute. Deshalb gehörte es zu den Pflichten der Stadtoberen, von Zeit zu Zeit die Gemarkungsgrenzen abzugehen, Grenzstreitigkeiten zu schlichten und den Standort der Grenzsteine zu überprüfen.

Aus diesen mittelalterlichen Grenzgängen hat sich ein Volksfest mit seit der Jahrhundertwende festgefügten Regularien und Brauchhandlungen entwickelt. Pseudomilitärisches Gehabe der Männervereinigungen und Burschenschaften gehören ebenso zu den Ritualen wie Mummenschanz, an denen Sappeure und Mohren beteiligt sind. Wichtig ist aber das „Widerhuppchen" bei der Grenzbegehung. Dabei werden Kinder und junge Leute nachdrücklich auf die Grenzsteine hingewiesen, indem man sie unsanft auf die Steine setzt!

Natürlich findet man beim Grenzgang auch die bodenständigen Trachten, und wenn man mehr davon erfahren will, empfiehlt sich der Besuch im Hinterlandmuseum im Biedenköpfer Schloß.

Zutaten:

1 kg Zwiebeln,
2 Becher Schmand,
1 Becher saure Sahne,
Salz, schwarzer Pfeffer.

Zubereitung:

Gewürfelte Zwiebeln in kochendem Wasser kurz brühen, abschütten, erkalten und abtrocknen lassen. Mit Schmand und saurer Sahne mischen und mit Salz und Pfeffer abschmekken. Dazu am besten Pellkartoffeln aus dem Biedenköpfer „Brottfeuer" – oder aus dem Backofen.

(Rezept von Georg Härtling und Paul Kötteritzsch)

Gestrumptes

Woas? Schuh wirre Buuhne? Schwei still, enn eass!

Die hessische Art, das einfache ländliche Leben, von dem die meisten Rezepte künden, die wir hier vorstellen, lockten sehr viele Maler, Zeichner und andere Künstler an. In der zweiten Hälfte des 19. Jahrhunderts bis zum Ersten Weltkrieg haben viele Künstler hessische Motive, das Leben und Treiben der Landleute, die winkligen Ecken und Gassen der Altstädte, die breitgelagerten Dörfer in den fruchtbaren Gewannen der Ebene und in den kärglichen Verhältnissen der Mittelgebirge im Bild festgehalten. Keiner hat es aber so gut verstanden wie der 1867 in Marburg als Sohn eines aus Niedersachsen stammenden Professors geborene Otto Ubbelohde. Nach seinem Studium an der Akademie für bildende Künste in München zog es ihn nach Hessen in das kleine Dorf Goßfelden, ganz in der Nähe von Marburg. Zusammen mit seiner kunstsinnigen Gattin schaffte er sich hier seine eigene Welt.

Die feinen Federstriche und Linien seiner Zeichnungen sind von einer bewußten Klarheit und Schönheit, und er versteht es, mit wenigen Strichen das Wesentliche auszusagen. Zahlreiche Künstler seiner Zeit haben versucht, ihn zu kopieren. Doch es gelang ihnen nicht. Ubbelohde wurde mit Auftragsarbeiten für Buchillustrationen, für Plakatgestaltung und für die vielen, vielen Ex libris (Bucheignerzeichen) überhäuft.

Bekannt wurde Ubbelohde durch seine Illustrationen zu Grimms Märchen. Zwischen 1906 und 1908 schuf er in dreijähriger Arbeit 450 Federzeichnungen zu der dreibändigen Ausgabe, die zunächst in Leipzig, später 1922 in Marburg erschien. Die meisten Originale dieser Buchillustrationen sind im Dienstgebäude des Kreises Marburg-Biedenkopf, im Kreishaus in Marburg, zu besichtigen.

Es ist sicher kein Zufall, daß sehr viele Märchen der Brüder Grimm in Hessen erzählt worden sind. So steht z. B. heute noch in Goßfelden – nicht weit von Ubbelohdes Haus – eine alte Linde, unter der die Brüder Grimm den Märchenerzählern gelauscht haben sollen.

Zutaten:

1 EL Butter,
150 g Speck,
2 dicke Zwiebeln,
1,5 Pfund grüne Bohnen,
3 Zehen Knoblauch,
Majoran, Salz.

Zubereitung:

Speckwürfel in heißer Butter anbraten, eine gehackte Zwiebel glasig werden lassen, kleingeschnittene Bohnen dazugeben, mit etwas Wasser ablöschen. Kartoffeln in Scheiben schneiden, dazugeben. Eine zerhackte Zwiebel, Salz und Majoran zufügen. Alles garen lassen und dann zerstampfen. Mit etwas Fleischbrühe begießen, mit gehackter Petersilie bestreuen und mit Solperfleisch, roter Wurst oder Leberwurst servieren.

(Rezept von Anna Scherer und Elisabeth Wind)

Süsse Maceronen

Zwanzisch Aier – mein läiwer Mann, wann doas kein Kuche gitt!

„Bey Amöneburg, da haben wir ein scharmüzzel (Gefecht) gehabt, schlimmer wie eine Patalge (Bataille/Schlacht) sein kann." Dies schrieb 1762 ein Unteroffizier aus Bückeburg über die Schlacht an der Brücker Mühle bei Amöneburg während des Siebenjährigen Krieges. Amöneburg wurde damals zu einem Kriegsschauplatz mit trauriger Bilanz: 527 Tote, 1363 Verwundete und 19 Vermißte waren zu beklagen.

Der Obelisk an der Brücker Mühle, die 1248 erstmals urkundlich erwähnt wird, kündet davon.

Daß Amöneburg und sein Umland im Laufe der Geschichte mehrfach kriegerischer Bedrängnis ausgesetzt waren, hängt mit seiner exponierten Lage zusammen.

Nahezu 200 m über dem Amöneburger Becken erhebt sich ein mächtiger Basaltkegel, von dem aus der Knotenpunkt alter Heerstraßen gut überwacht werden konnte. 721 gründete Bonifatius in „Amanaburch" eine kleine Klosterzelle. 1120 kam die Ansiedlung in den Besitz der Mainzer Erzbischöfe, die zur Sicherung ihres Besitzes 1145 eine Burg anlegten und diese zum Ausgangspunkt ihrer Territorialpolitik in Oberhessen machten. Die Folge waren langandauernde Auseinandersetzungen mit dem Landgrafen von Hessen. Doch 1646 – mitten im Dreißigjährigen Krieg – beschossen die Schweden in zweistündiger Dauerkanonade die „katholische" Burg und zerstörten sie gänzlich.

Noch heute sind Amöneburg und die darunterliegenden 16 Dörfer katholisch in einem rein evangelischen Umland. Die Diasporasituation führte zu einem kulturellen Eigenleben, das deutlich in der sog. katholischen Tracht des Marburger Landes abzulesen ist. Die jüngsten Trachtenträgerinnen Deutschlands sind hier zu finden mit ihren schmucken, farbenfrohen Trachten. Sie haben sich in der ersten Hälfte des 19. Jahrhunderts gegen die sog. Marburger ev. Tracht herausgebildet.

Nirgendwo sonst in Hessen sind die Abstufungen und Normen der Tracht so festgeschrieben, daß man am Erscheinungsbild der Trägerin, nicht nur Konfession und Alter, sondern auch Besitzstand, Freude und Trauer, Sonntag und Werktag ablesen kann. Am nachhaltigsten erscheint das Trachtenbild zur Fronleichnamsprozession in Mardorf und Erfurtshausen. Das folgende Rezept stammt aus den Zunftakten der Amöneburger Aktenbestände aus dem Jahre 1739.

Zutaten:

1 Pfund Mandelsplitter,
1 Pfund Zucker,
2 Eier,
Zitronenschale.

Zubereitung:

Zucker und Eier schaumig schlagen, mit geriebener Zitronenschale (unbehandelt!) würzen und mit den Mandelsplittern zu einem Teig rühren. Kleine Häufchen formen und auf ein Backpapier setzen. Bei schwacher Hitze hellgelb backen.

(Rezept von Manfred Kliem)

Rotweinzwetschen

Worim hoste da se e spetz Maul?
Ei, aich hu e Essichquetsch gegässe!

Hessen gehört zu den trachtenreichsten Landschaften Deutschlands, und innerhalb Hessens gibt es wohl die reichste Trachtenvielfalt im Marburger Land.
Die Trachtenträgerinnen haben nicht nur zu hohen Fest- und Feiertagen die überlieferte dörfliche Kleidung getragen, sondern auch zur werktäglichen Haus- und Feldarbeit - dann freilich die weniger prächtigen Röcke, Mieder, Hemden und Tücher.
Die sog. Marburger evangelische Tracht hat um 1800 ihren Ausgang im Ebsdorfer Grund genommen und etwa 200 Dörfer „erobert".
Rund um Biedenkopf wurde die Hinterländer Tracht getragen, die nach alten Ämtergrenzen geschieden, noch einmal vier Sondertrachten herausgebildet hat. Die Stoffe und Materialien, die Schnitte und die Machart der meist dunkel, ja schwarz gehaltenen Tracht waren jedoch sehr unbequem und hinderlich. Deswegen haben um die Jahrhundertwende viele Hinterländer Frauen und Mädchen die viel kleidsamere und bequemere Marburger evangelische Tracht übernommen. Nur noch eine über 90jährige Hinterländer Bäuerin hat an der alten Tracht festgehalten.

Zutaten:

2 Pfund Zwetschen,
400 g Zucker,
1 1/2 Stangen Zimt,
8 Nelken,
1/4 l guter Rotwein,
1/8 l Weinessig.

Zubereitung:

Zucker, Wein, Essig aufkochen. Zimt, Nelken dazugeben. Zwetschen einstechen und in dem Sud aufkochen, herausnehmen, abkühlen lassen und in einen Steintopf geben.
Flüssigkeit etwas einkochen, über die Zwetschen gießen. Am nächsten Tag Sud noch einmal abgießen, erneut aufkochen – wegen der besseren Haltbarkeit.
Dann über die Zwetschen gießen, mit einem in Rum getränkten Leinenläppchen abdecken und den Topf zubinden. Man kann die Rotweinzwetschen längere Zeit aufheben.

(Rezept von der Trachtengruppe Wohra)

Himmel und Erde

Hunger ist der beste Koch
und schmeckt es nicht, so ißt man's doch

Östlich von Marburg liegt Oberrosphe mit seiner 1200jährigen Geschichte. Einstmals gehörte es den Rittern von Rosphe. Sie hatten bis zur Zerstörung ihrer Burg 1249 auf der Hundeburg und der Weißelsburg nahe am Dorf ihren Sitz.
Die evangelische Pfarrkirche geht auf die Romantik zurück. Auf dem einschiffigen Bruchsteinbau hat man 1683 ein Fachwerkgeschoß aufgesetzt und einen Fruchtspeicher eingerichtet – ein Kuriosum im Kirchenbau dieser Region. Daneben gibt es aber eine ganze Reihe von Kirchen ganz im Fachwerkstil. Sie sind in Mittelhessen stark verbreitet.
Um die dörfliche Tradition in Oberrosphe kümmert sich der Heimatverein, der seit 1981 mit dem Aufbau eines Heimatmuseums beschäftigt ist. Seine Bleibe wird diese bemerkenswerte Sammlung im 1750 errichteten Forsthof, einem Fachwerkbau, erhalten. Vieles wird zu sehen sein, was das alte Dorf bestimmte: Geräte zur Landwirtschaft, Waldarbeit, Flachsverarbeitung, Küchen und Stuben und selbstverständlich auch die heimische Tracht. Ein Kaufmannsladen ist ebenso im Aufbau begriffen wie Werkstätten der Schreiner, Wagner, Schmiede und Korbmacher.
Das Oberrospher Museum behandelt auch das Leben der armen Leute, der Knechte und Mägde, z. B. gibt es eine Magdkammer mit Bett, Tisch und Stuhl als einzigem Mobiliar. Der jährliche Verdienst bestand hauptsächlich aus Naturalien (Kartoffeln, Leinen etc.).

Zutaten:

1 kg Kartoffeln,
1 Pfund Äpfel, 1–2 EL Butter,
1 dicke Zwiebel,
etwas Salz.

Zubereitung:

Geschälte Kartoffeln in Salzwasser nicht ganz weich kochen. Wasser abgießen. Kartoffeln mit etwas heißem Wasser wieder aufsetzen, geschälte, grob geschnittene Äpfel dazugeben, gar kochen und zum Schluß alles stampfen. Kleingeschnittene Zwiebel in Butter bräunen und darübergeben. Dazu reicht man Blutwurst, die an beiden Seiten angebraten wurde.

(Rezept von Gretel Fourier)

Eierlikör

's hat mer gut geschmeckt, ich hun mer's Maul geleckt

In Mardorf und Erfurtshausen ist die Volkskunst des Eiermalens zu Hause.
Zwar sind die Muster auf den Eiern örtlich verschieden, doch kehren immer dieselben Motive wieder. Bei aller persönlichen Gestaltungsfreiheit liegt ein festes Schema zugrunde.
Man begann früher mit dem Malen, wenn die Mitte der Fastenzeit, die am Aschermittwoch anfängt, überschritten war. Für jedes Patenkind wurde ein Dutzend Eier gebraucht, und da ja früher die bäuerlichen Familien in der Regel kinderreich waren, mußte man sich sputen, um bis Ostern alle zu beschenken. Die jungen Mädchen trafen sich einmal wöchentlich, ähnlich wie in der Spinnstube, und malten die Eier für den jungen Burschen, von dem man erhoffte, daß er sie am 2. Osterabend am Kammerfenster abholte. Man nimmt zu dieser Maltechnik Bienenwachs und erhitzt es, bis es flüssig wird. Mit dem Federhalter und einer Stahlfeder bringt man nun das Wachs auf das Ei. Je nach Form des Eies wählt man das Motiv. So paßt auf ein rundliches Ei eher ein großes Herz, und ein längliches Ei verträgt eher eine umlaufende Borte. Dann wird meist noch ein passender Spruch aufgeschrieben. Je nach Motiv und Aufwand dauert die Bemalung 1-2 Stunden.
Wie so viele volkskünstlerische Betätigungen war auch das Eiermalen im Kreis Marburg nach dem Zweiten Weltkrieg vom Aussterben bedroht, bis etwa in den sechziger Jahren eine Renaissance ausbrach. Die bekannteste Eiermalerin ist Auguste Mann, achtzigjährig, aus Mardorf. Sie hat das Eiermalen von ihrer Mutter gelernt, und ihr erstes Ei war eine Auftragsarbeit: Ein junger Bursche hatte es für sein Mädchen zu Ostern bestellt!
Mittlerweile gibt es wohl kein Haus in Mardorf und Erfurtshausen, in dem zur Osterzeit nicht die alte Kunst wieder geübt wird.

Zutaten:

6 Eigelb,
200 g Staubzucker,
2 TL Rum,
1 Päckchen Vanillezucker,
1 gr. Dose Dosenmilch,
1/8 l Weingeist.

Zubereitung:

Eigelb schaumig schlagen, dann Staub- und Vanillezucker langsam einstreuen und unterrühren. Dosenmilch dazugeben. Zum Schluß Rum und Weingeist vorsichtig unterziehen. Eierlikör in Flaschen abfüllen und verkorken. Man kann ihn aufheben, aber auch gleich trinken!

(Rezept von Käthe Jakob und Lydia Bastian)

Kartoffelbornsuppe

**Die ganz Woch koche mir Galopp,
un samstags gibt's Kartoffelsopp**

Eine alte Küche, wie sie noch vor Jahrzehnten in fast allen Häusern des Hinterlandes anzutreffen war, gibt es im Museum in Wommelshausen. Die Gerätschaften zeugen vom Ideenreichtum, den jede Hausfrau aufbrachte, um aus dem wenigen, was Feld, Stall und Garten hervorbrachten, eine schmackhafte und abwechslungsreiche Speise zu kochen.

Mit Reichtümern waren ehemals die Bewohner des Hinterlandes nicht gesegnet. Um so mehr überrascht die Vielfalt und der Reichtum der Volkskunst in den Hinterlanddörfern. Da gibt es die Gruppe aus Weidenhausen, eine agile Schar von Frauen und Männern, die altes Brauchtum pflegen. Sie treffen sich zu Spinnstubenabenden, singen alte Volkslieder und üben sich in überlieferten Tänzen. Bei der Tracht fällt die „Schniekappe" auf, ein langgezogenes schwarzes Gebilde, das längs über dem Kopf getragen wird; aber auch die Buntstickerei in Blumenranken und -girlanden, Lebensbäumen und geometrischen Mustern auf den Bruststeckern, die unter der Verschnürung des Mieders getragen werden, und die Ärmel und Schürzenbünde.

In Vergessenheit geriet allerdings die Hinterländer Weißstickerei. Daß sie wieder gepflegt und ausgeübt wird, ist der betagten Biedenköpfer Studienrätin Anneliese Spieß zu verdanken, die Landfrauen in Kursen mit den alten Techniken und Motiven wieder vertraut macht. Und so sticken die Frauen Herzen, Tulpen, „Groasgoarde" (Nelke), „Dülebo" (Tulipan = Tulpe), „Granatappel", „Klifte" (vier einander gegenüberstehende Kleeblätter), „Weckelblum" (Primel), „Rärrercher" und „Blärrercher".

Dies alles verwundert um so mehr, weil die Hinterländer Frauen früher sehr hart arbeiten mußten. Urteilte doch 1804 der Reiseschriftsteller W. Butte: „Übrigens scheint mir das weibliche Geschlecht des Hinterlandes das männliche an verhältnismäßiger Stärke, an Schönheit und Gewandtheit bei weitem zu übertreffen ... Die Mädchen aus jener Gegend werden von Brodherren sehr zum Dienste bei dem Feldbau gesucht, weil sie im Nothfall zugleich den Knecht ersetzen."

Zutaten:

1,5 kg Kartoffeln,
3 l Brühe,
3 dicke Zwiebeln,
etwas Pfeffer und Salz,
ein wenig gute Butter,
200 g Dörrfleisch,
etwas Brot.

Zubereitung:

Zwiebeln und Dörrfleisch würfeln, leicht anbraten und in die Brühe (aus gutem Wasser = „Born") geben. In Scheiben geschnittene geschälte Kartoffeln beimischen und alles gar kochen. Zum Schluß gebräunte Butter zugießen. Brot grob schneiden, in einen Teller legen und die Suppe darübergießen. Würzen nach Geschmack.
(Rezept von Anneliese Leinbach und Ursula Krenn)

Krimmelkuchen

Spaß muß sei, selbst bei der Beerdigung: sonst geht niemand mit!

Früher war man viel selbstverständlicher mit dem Leben und der Natur verbunden als heute. Auch der Tod hatte eine versöhnlichere Komponente, weil der sterbende Mensch zumeist in der familiären Umgebung, im Haus, in seinem Lebensumfeld die letzten Stunden verbrachte. Seine Familie war um ihn, und das Abschiednehmen fand zumeist in der familiären Gemeinschaft statt. Glaube und Aberglaube vermischten sich mit den – heute oft unverständlichen – Riten und Handlungen, die sich um Tod und Trauer rankten. Trat ein Todesfall ein, so wurde die Uhr angehalten und der Schreiner benachrichtigt, der nicht nur den Sarg „anmessen" mußte, sondern auch den Totenschein ausstellte. Später wurde der Sarg mit dem Fußende zuerst aus der Haustür getragen. Das Sargtragen selbst war eine Ehrenpflicht der männlichen Nachbarn und Verwandten.

Ihre Frauen bekümmerten sich um das Kuchenbacken und Kaffeekochen für den Leichenschmaus.

Vor der Beerdigung wurde von den Konfirmandenjungen dreimal geläutet. Das letzte Mal zum Beginn der Aussegnung. Ein männlicher Trauergast überreichte dem Pfarrer und dem Lehrer, der gleichzeitig die Rolle des Kantors übernahm, je eine Zitrone als Zeichen für das bittere Leid. Dann setzte sich der Trauerzug in genau festgelegter Weise in Bewegung. Einige junge Mädchen trugen Kränze und Sträuße vorweg, Pfarrer und Lehrer folgten, dann kamen die Träger mit dem Sarg. Hinter dem Sarg schritten die Männer, geordnet nach Verwandtschaftsgrad hintereinander. Dann die übrigen Männer des Dorfes in Dreier- oder Vierergruppen. Erst danach kamen die Frauen. Die Frauen aus der Verwandtschaft trugen schwarze Trauermäntelchen über dem Kopf, mit dem sie noch das Gesicht verhüllen konnten. Nach der Beerdigung ging es dann ins Trauerhaus, wo für die zahlreichen Gäste quadratmeterweise Kuchen bereitstand, wie der „Krimmelkuchen", von dem hier berichtet wird.

Zutaten:

Teig:
1 Tasse Milch,
1 Würfel Hefe,
3 EL Zucker,
500 g Mehl,
60 g Butter,
1 Prise Salz.

Streusel:
300 g Mehl,
150 g Zucker,
150 g Butter,
1 Vanillezucker.

Zubereitung:

Hefeteig kneten, auf einem gefetteten Backblech ausrollen und mit Milch bestreichen. Streusel aus Mehl, Zucker, Butter und Vanillezucker herstellen und den Teig damit belegen. Im vorgeheizten Backofen bei ca. 220 Grad 15 Minuten backen.

(Rezept von Helene Schwerdtfeger)

Gewürzkapaun

Ach, du läiwer Gott im Himmel, off dr Wese wächst dr Kimmel.
Wenn mer backe, hu mer Bruut, wenn mer sterwe, sei mer duut. *(Kinderreim)*

Marburg war lange kulturelles und wirtschaftliches Zentrum der mittelhessischen Region, manches wirkt heute noch nach.

Marburg ist eine Bergstadt: enge und steile Gassen, Treppen mit unzähligen Stufen münden auf Plätzen und zahllosen Terrassen. Sie führen vorbei an verschachtelten spitzgiebeligen Fachwerkhäusern von beachtlicher Größe und reichem Zierat und enden oben am alles überragenden Landgrafenschloß.

Marburg ist aber auch eine der alten Universitätsstädte. Mitten in der bewegten Reformationszeit, im Jahre 1527, ist die Hochschule als eine der ersten rein protestantischen im Deutschen Reich gegründet worden.

Abertausende Studenten haben im Laufe der langen Geschichte Marburg schätzen und lieben gelernt. Unter ihnen renommierte Wissenschaftler, wie Wilhelm Röntgen und der Nobelpreisträger von 1901, Emil von Behring.

Am Rande der historischen Altstadt wurde die Elisabethenkirche als erstes gotisches Bauwerk auf deutschem Boden errichtet, 1283 geweiht. Ihren Namen erhielt sie nach der nur 24 Jahre alt gewordenen Elisabeth von Thüringen.

Mit 14 Jahren wurde sie vermählt, mit 20 Jahren war sie bereits verwitwet. Ihr Mann fand einen frühen Tod als Kreuzfahrer. Nach dem Gelöbnis der Armut und des Gehorsams stiftete sie an ihrem Witwensitz Marburg ein Franziskanerkloster. Ihre aufopfernde Pflege für die Armen und Kranken erschöpfte sie so sehr, daß sie so früh verstarb. Ihre Heiligsprechung und der Bau einer Begräbniskapelle erfolgten schon vier Jahre danach.

Zutaten:

1 Kapaun oder Poularde (2,5 kg),
20 g Honig
1 Msp. gemahlenen Anis,
etwas Pfeffer,
3 Birnen,
1 Zitrone,
200 g Weintrauben,
30 g gehackte Mandeln,
1/8 l Weißwein,
je 40 g Karotten, Sellerie, Zwiebeln,
1 EL Zucker,
50 g Graubrot,
20 g Butter, Salz.

Zubereitung:

Hals und Flügel vom Kapaun abschneiden, in Butter anbraten. Gewürfeltes Gemüse darin goldgelb rösten. Mit der Hälfte des Weins ablöschen, kochen lassen. Brotwürfel zugeben, mitkochen lassen, anschließend zur Soße passieren.

Den Kapaun zerteilen, mit Salz und Pfeffer würzen und im Bräter in den Ofen geben. Wein verrühren, den Kapaun damit öfters begießen. Den Sud zur Soße geben und über das Geflügel gießen. Obenauf halbierte, entkernte Weintrauben, die mit Mandeln in Butter gedünstet wurden. Als Dekoration: geschälte, entkernte Birnenhälften in gezuckertem Zitronenwasser kurz blanchiert und in Fächer geschnitten.

(Rezept von Heinz Anding)

Eierreime aus Mardorf
und Erfurtshausen

aus „Rund um Wall- und Wehrturm" von K. E. Mueller

Nicht ausschließlich religiösen Inhaltes, sondern in bunter Vielfalt sind die heute üblichen Eierreime. Zuerst sprechen sie vom Osterfest, von Osterfreude, Ostereiern und Osterwünschen:

Ostern, wenn der Lenz erwacht,
jubelt jedes Kind und lacht,
denn zu dieses Tages Feier
gibt es bunte Ostereier.

Dein Leben sei fröhlich und heiter,
kein Leiden trübe Dein Herz.
Stets sei das Glück Dein Begleiter,
nie treffe Dich Kummer und Schmerz.

Die Kinder bleiben nicht im unklaren über die Herkunft der Ostereier.

Wenn der Frühling aufersteht
ist die Henne froh und kräht (!)
Sie legt fleißig in das Nest
Eier für das Osterfest.

Die junge Malerin denkt an ihren Bursch in der Ferne. Das Ei soll ein Pfand treuer Freundschaft sein.

Als ich beschrieb und bemalte dies Ei,
war ich mit ganzem Herzen dabei.
Darum nimm aus treuer Hand
dieses Ei als Unterpfand. –
Rauche Dein Pfeifchen
mit stillen Vergnügen!
Trinke Dein Gläschen
mit männlichen Zügen!
Hast Du ein Mädchen
so liebe es treu,
dann gehn die Jahre
wie Tage vorbei.

Oft bringt die Trennung auch bitteres Leid. Ungewißheit lastet über schönen Zukunftsträumen.

Ein Sträußlein wollt ich winden
da kam die dunkle Nacht.
Kein Blümlein konnt ich finden,
sonst hätt ich's Dir gebracht.
Trennen uns auch ferne Orte
o, behalte dennoch lieb,
deren Hand dereinst die Worte
auf dies Ei darniederschrieb.

Mitunter steigert sich die Ungewißheit zum Zweifel, ja zum kränkenden Mißtrauen.

Soll ich oder soll ich nicht
Dir alleine trauen?
Weil ich Dir nur ins Gesicht,
nicht ins Herz kann schauen.
Männertreu, Aprilwetter,
Mädchenlieb' und Rosenblätter,
Würfelspiel und Waffenglück
ändern sich all Augenblick.

Bei allem Ernst kommt mitunter auch der Humor, oft recht drastisch, zu Wort:

Wenn Ochsen mit Trompeten blasen,
wenn Schnecken laufen wie die Hasen,
wenn alles Wasser wird zu Wein,
dann hör ich auf, dein Freund zu sein.

Soviel Wurz der Eichenstock,
soviel Haar der Geißebock,
soviel Flöh der Pudelhund,
soviel Jahre bleib gesund.

Inhalt

I SCHMACKHAFTES AUS SÜDHESSEN 3
Die südhessische Region 4
Schweinepfeffer (Dreieichenhain) 5
Kräutersuppe (Viernheim) 6
Milchsuppe (Otzberg) 7
Schnitz und Schnitz (Wald-Michelbach) 8
Kirschen-Michel (Wald-Michelbach) 9
Petzkuchen (Fischbachtal-Billings) 10
Schaumwein (Fischbachtal-Billings) 11
Bensheim-Auerbach 12
Lachs aus dem Wurzelsud an Rieslingsabajon (Bensheim-Auerbach) 13
Panierter Spargel (Lampertheim) 14
Essen und Trinken in den mundartlichen Redewendungen in Südhessen 15

II KULINARISCHES AUS FRANKFURT 16
Die Frankfurter Küche 17
Grüne Soße 18
Überraschungsei 19
Matelotte von Fischen 20
Gefüllter Ochsenschwanz 21
Patsetgen 22
Bethmännchen 23
Frankfurter Würstchen 24
Linsensuppe 25
Frankfurter Kranz 26
Festtags-Gans 27
Sprüch aus der Frankfurter Küch' 28

III DEFTIGES AUS DEM VOGELSBERG 29
Die Vogelsberger Küche 30
Kartoffelbloatz (Nieder-Stoll) 31
Gerstenkaffee (Schlitz) 32
Beutelches mit Zwiebelsoße (Wartenberg-Angersbach) 33
Quetschesupp (Herbstein) 34
Kochkäse (Frischborn) 35
Holundersaft (Frischborn) 36
Blutkuchen (Altenschlirf) 37
Sommerweich (Lauterbach) 38
Tannenspitzenschnaps (Eisenbach) 39
Rehkeule (Stockhausen) 40
Vogelsberg Anekdoten 41

IV KÖSTLICHKEITEN AUS DEM RHEINGAU 42
Der Rheingau „... ist ein feins Ländlein" 43
Winzersuppe (Martinsthal) 44
Dippehas (Kiedrich) 45
Erbsbrei (Hallgarten) 46
Spundekäs (Rüdesheim) 47
Woihinkelche (Aßmannshausen) 48

Rotweinkuchen (Aßmannshausen) 49
Weinäpfel (Winkel) 50
Wipp (Eltville) 51
Rieslingsorbet (Rüdesheim) 52
Salm in Riesling (Johannisberg) 53
Sprichwörter, Reddensarte und Werkedaachs-Weisheite aus dem Rheingau 54

V Kräftiges aus der Schwalm 55
Die Schwälmer Küche 56
Kartoffelklöß' mit Specksoß' (Seigertshausen) 57
Mattekuchen (Merzhausen) 58
Dünner Lattch (Holzburg) 59
Rindfleisch mit steifem Reis (Schrecksbach) 60
Wecksuppe (Zella) 61
Saure Brüh' (Ziegenhain) 62
Schmandhering (Willingshausen) 63
Eierbier (Schönberg) 64
Pitzküche (Willingshausen) 65
Weckschnere (Neukirchen) 66
Geschichten über Junker Hans von der Schwalm 67

VI Uriges aus dem Werraland 68
Land und Leute im Werraland 69
Storzenieren (Archfeld) 70
Krauthäubchen (Frankertshausen) 71
Losekuchen (Röhrda) 72
Kirschcocktail (Witzenhausen) 73
Spanisch Fricco (Allendorf) 74
Diebchen (Wanfried) 75
Ahle Wurst (Ulfen) 76
Weckewerk (Eschwege) 77
Duckefett (Altenburschla) 78
Bergforelle (Großalmerode) 79
Die Wichtelmännchen und Schuster Jobst in Eschwege 80

VII Würziges aus dem Westerwald 81
Land und Leute im Westerwald 82
Pfännchen (Waldbrunn) 83
Dippekuchen (Oberzeuzheim) 84
Brocksel (Dauborn) 85
Struh und Lohme (Greifenstein) 86
Löwenzahnsalat (Mengerskirchen) 87
Brennesselsuppe (Holzhausen) 88
Eierkäs (Breischeid) 89
Kartoffelbrot (Erdbach) 90
Limburger Säcker (Limburg) 91
Kalbfleischbällchen (Weilburg) 92
Märchen und Sagen aus dem Westerwald 93

VIII Wohlschmeckendes aus Waldeck 94
Die Waldecker: selbstbewußt und traditionsverbunden 95
Feldhühner (Korbach) 96
Holunderkuchen (Vasbeck) 97
Schröggelsuppe (Usseln) 98

Ofenkuchen (Mengeringhausen) 99
Zwetschenmus (Rhadern) 100
Waldecker Südfrüchte (Lichtenfels) 101
Gänseklein (Reckenberg) 102
Wildsuppe (Arolsen) 103
Wildunger Creme (Bad Wildungen) 104
Edderlachs (Waldeck) 105
Historchen aus dem Waldecker Land 106

IX Kerniges aus Waldhessen 107
Land und Leute in Waldhessen 108
Lumpen und Flöh' (Rotenburg) 109
Geriebener Brei (Friedewald) 110
Schmandkuchen (Iba) 111
Schnippchen (Bebra) 112
Aal in Salbei (Bad Hersfeld) 113
Schmandcreme (Bad Hersfeld) 114
Saumagen (Sterkelhausen) 115
Dätscher (Wildeck) 116
Aufgesetzter (Richelsdorf) 117
Wildpastete (Nentershausen) 118
Histörchen aus Waldhessen 119

X Knuspriges aus dem Marburger Land 120
Land und Leute im Marburger Land und Hinterland 121
Klisse (Eckelshausen) 122
Zwiebelsalat (Biedenkopf) 123
Gestrumptes (Goßfelden) 124
Süße Maceronen (Amöneburg) 125
Rotweinzwetschen (Wohra) 126
Himmel und Erde (Oberrosphe) 127
Eierlikör (Mardorf) 128
Kartoffelbornsuppe (Weidenhausen) 129
Krimmelkuchen (Oberrosphe) 130
Gewürzkapaun (Marburg) 131
Eierreime aus Mardorf und Erfurtshausen 132